人を救う人だけに、
天は運を与える

# 成功者はなぜ、帝王學を学ぶのか

信和義塾大學校・創設者 中野 博 Hiroshi Nakano

現代書林

天に愛される生きざまとは何か？

成功者は運の良さを語り、

幸せな人は縁に感謝する。

天は、人を救う人だけに運を与える。

（「帝王學」の教えより）

もし、今が江戸時代末期なら、この本は禁断の書として葬りさられたに違いありません。なぜなら、本書にはそれほど、衝撃的かつ危険な内容が書かれているからです。

成功するために必要な、重要で確実な内容――支配者（当時の幕府）から見たら、絶対に黙認することはできないでしょう。

しかし、現在の日本は法治国家であり、日本国憲法において、この本は禁書にならずに、堂々と出版され、あなたも安心して読むことができます。日本国憲法第３章「国民の権利及び義務」に規定された第11条（基本的人権）、第13条（個人の尊重）、第14条（法の下の平等）、第19条（思想及び良心の自由）、第20条（信教の自由）、第21条（表現の自由）、第23条（学問の自由）、第26条（教育を受ける権利）などによって、私たちはあらゆる書物に自由に触れることができるのです。

こうして、江戸時代なら隠されていたであろう「本当の學問」の一部が、今の時代だからこそ、ここに公開できるのです。

あなたが、この本で「本当の學問」に触れさえすれば、必ずや見える世界が変わり、行動が変わり、人生がガラッと変わるでしょう。

そして、

**「學問とは自由への翼であり、未来の扉」**

と感じるはずです。

この本は、次の３人のために書きました。

**１人目は「自分を磨きたい方」。**
**２人目は「成功したい方」。**
**３人目は「幸せになりたい方」。**

そう。まさに、この本を手にしてくれた「あなた」のために書いたものなのです。ですから、文章の意味をかみしめながら、じっくり読んでください。

# はじめに
## ――「學問に王道はなし」というが、そもそも「學問」とは何か？

### ■「學問」をするということ

もし、あなたが勉強嫌いなら、これから「學問」を始めた方がいい。
もし、あなたが勉強好きなら、本当の「學問」を身につけた方がいい。
――なぜならば、「學問こそが、自由への翼であり、未来の扉」（信和義塾大學校のスローガン）だからです。

では、そもそも學問とは何でしょうか？　このことを、「帝王學のエッセンス」を交えながら考えていきたいと思います。

吉田松陰は「人はなぜ学ぶのか？」と、生涯を通して問い続けたそうです。そして、松下村《しょうかそん》塾《じゅく》で多くの幕末の志士を育てたのです。

吉田松陰は学者ではありません。學問を熱心に学んだ上で、自ら実践した勇気と行動力の人です。決して、學問だけを修めた頭でっかちな人ではありませんでした。

この点、福沢諭吉も『學問のすすめ』の中で、「論語読みの論語知らず」と語り、學問だけをやり、何も実践しないような口だけの人間にはなるなと警告しています。

「天は人の上に人をつくらず、人の下に人をつくらず」との名言通り、誰もが、學問を学び、自分の役割を知り、実践することで成功を収める――すなわち、夢を実現させる――ことを強く勧めていたのです。

確かに、私たちは、学ぶためだけに生きているのではありません。学びはあくまでも手段です。しかし、世のため、人のために自らの役割に気づき、使命に目覚め、世の中をよく知る必要があります。そのためには、人類の叡智《えいち》である學問がどうしても必要になるのです。

松下村塾で多くの幕末の志士を育てた
吉田松陰（*HIROSHI YAGI/orion/amanaimages）

人類が長い年月をかけて積み上げてきた叡智を、「學問」と呼びます。叡智とは、多くの人々が実際の経験を通して学び、感じ、研究してきたことを積み上げた智慧《ちえ》の集合体のようなものです。

夢を叶える装置「夢殿」

**だからこそ、私たちは人類の叡智である學問を広く、深く学び、人間として生きる真理を知り、志と勇気を持って自らの役割の自覚の下に、それを「実践する」のです。**

これぞ素晴らしい人生であり、だからこそ私たちは生きがいを感じ、成功し、幸せになれるのです。

ここで、學問を吉田松陰がどう捉えていたのかが分かる、彼の5つの名言を紹介しておきます。あなたの心に響くものがあったら、ぜひメモにして残しておいてください。

**1、學問とは、人間がいかに生きていくべきかを学ぶものだ。**

**2、道を志した者が不幸や罪になることを**

恐れ、将来につけを残すようなことを黙ってただ受け入れるなどは、君子の學問を学ぶものがすることではない。
3、學問をする眼目は、自己を磨き自己を確立することにある。
4、宜《よろ》しく先ず一事より一日より始むべし（志を立てたなら、まず一つのことから、思いついた日から始めるべきである）。
5、今日の読書こそ、真の學問である。

## ■「帝王學」はなぜ、表に出なかったのか

私は中学時代には、夢など持っていませんでした。社会人になった当時、世の中を良くしようなどという考えはありませんでした。起業したときには、お金もありませんでした。そして、2009年までの私は、日本なんて嫌いだったのです。

しかし、2009年、私は本書で紹介する學問、つまり學問中の學問、最高峰である王様の學問と言われる「帝王學」に出会い、人生がすべて変わってしまったのです。

人は何かとの出会いで、大きく変わってしまうものなのですね。

「本当の學問は隠されていた！」――これが7年前の実感です。それほど、帝王學との出会い、そしてその教えは強烈でした。

「帝王學」は、実に奥が深い學問です。なぜなら、「帝王學」は人を選びます。人を選ぶからこそ、学ぶことのできる人は限られているのです。

私が45年間も出会うことすらできなかったのは、そのためだったのでしょう。いや、正確に言えば、興味がなかったし、ご縁もなかったのです。

確かに、「帝王學」という言葉は知っていましたが、政治家や財閥の御曹司が学ぶ「王位継承」のための教え程度に思っていました。

もちろん、私も22年前に起業しようと考えていたころ、自己啓発書やビジネス書を片っ端から読みました。その中には、「帝王學」の名前が入っている本もあり、それなりの知識は得ていました。

しかし、それは当時の私には遠い存在のもの。「特権階級の人が読む本でしょ」という偏見のメガネで見ていたのだと思います。今考えれば、その結果、本質を見過ごしていたと思います。私と同じような偏見のために、帝王學に縁があっても学ぼうとしない人は多いはずです。それには大きな理由があります。

かつての私がそうであったように、多くの人たちは真理が見えていないし、現実の生活や仕事に追われ、真理を知ろうという努力もしていません。深層心理として、多くの人は真理を知って、自分が変わり、生活が、人生が変わるのが怖いのです。

人間というのは、変化が嫌いな生き物ですからね。

実をいうと、「帝王學」は隠されていたわけではないのです。私たちの目が曇っていたので、見えなかっただけなのです。つまり、私たちは自分がつくり上げてしまった偏見というメガネにより、目が曇ってしまっていたので、真理が見えなかったのです。

あの『星の王子さま』（アントワーヌ・ド・サン＝テグジュペリ著）に、こんな名言があるのをご存知ですか？

**「心で見なくちゃ、ものごとはよく見えないってことさ。かんじんなことは、目に見えないんだよ」**

そう、肝心なこと、つまり真理は心で見なければ見えないのです。

あなたは、いかがでしょうか？　私は２００９年に、「本当の學問」である「帝王學」に出会い、ようやく目に見えない世界も含め、視界が広がり、世界が広がり、人生の本質や真理が理解できるようになってきました。

さらに、人格までも磨かれて、事業もさらに繁栄し、私個人のライフスタイルも大きく変化し、成功だけではなく、幸せであり続けています。

こんな経験から、私は**「學問とは自由への翼であり、未来の扉」**だと痛感し、これをスローガンに「信和義塾大學校」を設立したのです。

私は2009年から「帝王學」を学び、学びながら考え、そして教えを実践していきました。学び続けて2年目から、いよいよ教えを実践に移しながら、さらに深く学び、伝道するために信和義塾大學校を設立しました。

数々の実践事例は巻末のプロフィールで紹介していますが、簡潔にいうと、アメリカをはじめ世界にビジネスと生活の拠点をつくり、未来の扉を開くための大學（「信和義塾大學校」と呼び、世界で46校、塾生2000人以上）を設置し、スタートさせました（現在は東京のみで、すべてオンラインキャンパスに移行済み）。

「帝王學」は愛に満ち溢れ、人々を救済するための學問なのですが、残念なことに、その内容が広くて深いため、真理を理解できない人が多いのも事実です。また、帝王學を学んでいる人の中には、「帝王學」の中身を勘違いして、自分に都合よく解釈し、自我で悪用する残念な人も少なからずいます（さらに、名前を変えての類似講座も急増しました）。

さらに、せっかく「帝王學」に縁あって出会えたのに、難しく感じたのか、自分には合わないと感じたのか、学んでいる途中で消えていく人もいます。この点が、まさに「帝王學は人を選ぶ」ということの意味なのです。

加えて、「帝王學」を学んでも、何も実践できない人もいます。まさに、吉田松陰や福沢諭吉が残念がっている、無作為の人です。つまり、勇気も愛情も小さいために、世のため、人のために行動できない人たちですが、こういう人が実に多いのです。

こうした点は、昔も今も同じなのかもしれないですね。

だからこそ、學問を進んで学び、実践して成功し、幸せになる人と、學問を学んでも実践しない人、学びすらしないから、成功しない人、成功しても幸せになれない人が出てしまうのだと、私は感じています。

しかし、私は一人でも多くの人を救いたいので、「帝王學」の教えを実践できない人や「帝王學」の深い学びが理解できない方のことも思い浮かべながら、本書を書きました。まさに、福沢諭吉の『學問のすすめ』21世紀版というくらいの意気込みです。

本書に書かれている内容は、現在の日本には危険すぎるほど素晴らしい人生の王道・真理です。この本を手にしたやる気があって、自らを高めて、幸せになりたい方には、ぜひ「帝王學」の真髄を楽しく読み解き、学び、成功して幸せになっていただきたいと願っています。

２０１７年3月9日（感謝の日）

信和義塾大學校・創設者　中野　博

目次

# 第2章
# 帝王學で何を学ぶのか？

# 第3章 成功者は救済者である

# 第4章

# 成功には信と和が必要

おわりに

# 第1章

# 成功に必要な学ぶ姿勢

# 成功者に共通している「考える力」

本書は、一時的な成功や、ただ金持ちになることだけを目指すような、ノウハウ系の本ではありません。あなたが成功することはもちろんのこと、成功したあなたには幸せになって欲しいのです。

そのためには、成功し続けなければなりません。努力した結果、あるいは運が良かったことで、成功する方は世の中に多くいます。しかし、実力が衰えたり、運が悪くなったりして、成功が過去になる方も同じだけいます。それほど、成功し続けるのは難しいことなのです。

特に現代のように、世界的な競争に巻き込まれ、ＩＴ革命によって必要とされる能力が変わり、社会システムや生活スタイル、さらに価値観までも変化してくると、成功し続けることはかなり難しいことになります。

では、あなたに最初の質問をします。本当の成功者への第一関門です。

Q1

問題意識トレーニング
➡成功への近道

## 成功するためには、何が必要だと思いますか？

人が成功するために必要なものは何か、いろいろと理由があるものです。まずは　あなたなりの理由を考えて、1行でもいいですし、個条書きでも、単語だけでもいいので、次に書き出してみてください。

「　　　　　　　　」

さて、「成功」という言葉の定義は、人それぞれ違うと思います。本書でいう「成功」とは何かについて、はじめに次のように定義しておきます。

## 「成功とは、自分の夢や目標を成し遂げて、功績を積むこと」

あなたが夢や願望を抱き、何かを成し遂げようとしたとき、その目標を達成することによって、あなたは社会から評価され、それがあなたの功績となります。そのときに、あなたが功績に見合った地位や富を得ることを成功といいます。

ですから、社会のためにも、成功者が増えた方がいいのです。

しかし、成功者が一時的な成功だけ、しかも自分の欲望を満たし、自分の利益だけでは、本人も幸せになりませんし、社会がより良くなることもありません。成功のレベルを**〈利他のレベル〉**へと高めて欲しいのです。

何でもそうですが、「継続は力なり」ですし、継続していくとレベルが高くなり、次元が変わっていくのです。

かつて吉田松陰は弟子たちにこう言いました。「君は功を成せ、われは大事を成す」と。

この意味が分かりますか？　これこそが「帝王學」を学ぶ理由になるでしょう。

「帝王學」を学ぶには、まず学ぶための心構えが必要になります。

では、どんな心構えが必要なのか。それは**〈素直に学ぶ姿勢〉**です。

成功者に共通しているのは、この〈素直に学ぶ姿勢〉なのです。あの松下幸之助も、その著書などで、繰り返し「素直」という言葉を使い、いかに素直に学ぶことが難しいかを述べてい

素直に学ぶ姿勢
考える力
Konosuke
Matsushita

ます。そして幸之助自身、素直になるために時間をかけて精神修養すらしていたと本で読み、幸之助が設立したPHP研究所（京都）の研修でも学びました。

この〈素直に学ぶ姿勢〉に加えて重要なのが、**〈考える力〉**です。特に、これからの新しい時代にはこの2つの要素がなければ成功しません。これは断言できます。

以降、〈素直に学ぶ姿勢〉を持って本書を読み進めてください。随所に〈考える力〉をトレーニングするための質問も出てきますので、どうか肩の力を抜いて、楽しみながらチャレンジしてみてください。それが成功への近道ですから。

## Q2

問題意識トレーニング ➡ 成功への近道

## なぜ、「帝王學」を学んでみたいと思いましたか？

学校での勉強を終え、社会人になって業務上必要な勉強をしたり、資格試験などの勉強をしたりする人も多いと思います。すべて学ぶには理由があると思いますが、學問の王様「帝王學」を学んでみたいと思う方は超少数派です。

そんな中で、あなたがこの本を手にしたのは、素晴らしいことです。

そこで、質問です。なぜいま、あなたは「帝王學」を学ぼうとしているのか？　あなたの現段階における気持ちを、素直に書いてみてください。

「　　　　　　」

「帝王學」は古くからある學問であり、リーダーになるための學問です。リーダーが今よりもワンランクアップして、人々や国を救うための學問です。

ですから、自分の商売や金儲け、あるいは自分だけが良くなればいいという人だけのものではありません。もちろん、そういう部分も多少は含まれていますが、それらは目的ではなくて、あくまでも手段にすぎないのです。

ここで、この成功と幸せの関係、金儲けと人生の目的との関係など深いテーマについても考えていきましょう。

**「帝王學」は、抽象的なテーマについて、広く深く考えるためにも重要な學問です。**だからこそ、成功できるのです。さらに、早く成功するためには、こうしたトレーニングを徹底的に行うことです。

ほとんどの人は、トレーニングをしません。特に、頭を使うトレーニングはかなり疲れますので、しないものです。だから、こうした**〈成功への近道〉**のトレーニングだけを本書では行いますので、ぜひ実践してみてください。

# 東洋思想の基盤である「帝王學」

## Q3

思考トレーニング ⬇ 成功への近道

## 指導者（リーダー）の役割とは、何だと思いますか？

社会にはさまざまな指導者がいます。

例えば、ご両親など直系の親族であなたを育て、躾けてくれた方や、学校の先生といった教育現場の方々など、子供時代に影響を受ける立場の人々です。その場合、学校の先輩や同級生でもリーダー的な存在の方は、指導者といえます。

社会に出ると、先輩や上司、経営者や経営幹部クラスの方も指導者になります。

国や地域にも指導者（政治家など）が大勢いますが、はたして指導者とはそもそも、どんな役割を持っているのでしょうか？

まずは　あなたが考える「指導者の役割」を書いてみてください。


指導者とは、「**指**を指し示して**導**く**者**」と書きます。英語ではリーダー（Leader）といい、「人々をリード（Lead）する者」を示します。どちらも、似たような意味合いですが、日本の漢字には深いメッセージが隠されています。

ですから、本書では時々、漢字に込められた深いメッセージを読み解きながら、「帝王學」のエッセンスも入れて解説していきます。

さて、指導者の役割を考えるとき、その「指し示している」のは何か、あなたは分かりますか？　答えは**〈未来〉**です。「未来を指し示す」ことができて、初めて「指導者」（リーダー）と言えるのです。この点は、実社会におけるさまざまな事例を見れば分かります。

例えば、未来が見えてない経営者の会社は倒産します。大企業であっても、今の時代は倒産します。実際、この20年間で30を超える大企業が倒産しています。中小・零細企業に至っては、毎年1万～1万5０００件以上、データが取れない夜逃げや休眠会社などを含めると3万件が倒産していると分析できます。

これらは、計画倒産を除けば未来が見えていなかったために起きたことです。倒産する理由は、円高・円安などの為替問題や新しいテクノロジーによる変化、後継者問題などから経営陣の指示による不正行為、法律を遵守しない自業自得的なものまで、多種多様です。

しかし、かつては戦争被害や自然災害など経営陣ではどうにも対応できない問題も含めて、日本の経営者らは努力を重ねて乗り越えてきたものです。その結果として、日本は世界でもダントツの長寿命企業が多いのです。その理由は、間違いなく**「未来を考えて柔軟に対応する経営力があった」**からなのです。

未来を考え、未来を指し示し、それを実践していくことが指導者の条件ですが、ここで、あなたに考えて欲しいことがあります。未来を指し示す指導者の見極め方です。

例えば、アメリカの大統領選挙や世界の通貨の為替変動、株式相場の予想や地元の商店の浮き沈み、さらにはあなたの生活に至るまで、「帝王學」を学ぶまでもなく、ある程度未来を予測する方法があります。

それは、「あなた自身が未来志向か否か？」ということにかかっています。つまり、あなた次第なのです。もし、あなたが未来志向なら、あなたは未来を予測するためにアンテナを立て（関心を持ち、興味を抱くこと）、未来を考えるのに必要十分な情報収集をして、それを分析し続ける思考トレーニングができているはずです。

常に未来を意識して思考トレーニングができているか否かで、未来はまるで違ったものとなります。簡単に未来を悲観したり、現在を嘆いたり、過去を悔んだりしてはいけません。それは、すべて、あなた自身の内面にある心がつくり出していることだからです。「心」というと分かりにくい方は、あなたの思考や口癖と理解してください。

あなたの口癖には、あなたの心のあり方が反映されてしまっています。なぜなら、どこに行っても、何をやっても、誰とつき合っても、結婚しても、**あなたは永遠にあなた自身の心からは逃げられないからです。**あなたのことを一番知っているのは、あなた自身なのです。

では、あなたの未来を考える上で必要な指導者についてさらに考えていきましょう。
「指導者」（リーダー）として人の上に立つからには、自我（自分だけの都合を考えること）や自我欲（自分だけが得する欲望）をなくし、**〈利他の精神〉**（他人の利益を考えて配慮でき、実践しようとする美しい愛の大きな精神）を持って、**未来を見つめ、未来のあるべき方向性を考え抜いて判断し、未来志向で行動することが必要**なのです。

これができる人間こそが、真の指導者と呼べます。もし、今あなたがついている指導者が未来を見ることができず、自我欲が強い場合には、早めに離れることをすすめます。

さて、ここで問題です。

## Q4

現状分析トレーニング
⬇成功への近道

## 今は何が国家だと思いますか？（重要問題）

現状を分析するために、少し歴史を学んでみましょう。

例えば40～50年前、日本では「鉄は国家なり」と言われていました。産業革命以降、世界でも「鉄は国家なり」で、鉄の生産量こそが国力そのものと捉えられていたのです。

実際に、生産量第1位の地位は、イギリス→ドイツ→米国→日本→中国の順で移り変わっています。かつて日本が1位の時期（1970年代から80年代）もあったのですね。現在の米国と中国の経済規模に差があることを考慮すれば、時の経済力1位の国とは必ずしも一致していませんが、国の経済の勢いと鉄の生産量は一致するようです。

日本では40年前の主要産業が「鉄鋼関連業」であり、その後「建設」「家電」「自動車」など「鉄」を使用する産業によって、日本が世界第2位の経済大国にまでのし上がったのは事実です。

40年前の日本にとって、ライバルはアメリカでした。30年前もアメリカがライバルでした。当時の日本人はそれを知っていたので、さまざまな産業でアメリカに勝つことができました。その結果、日本経済は大きく繁栄し、豊かで安全な今の日本になったのです。

間違いなく、時の経営者や政治家などの指導者らの先見の明、つまり未来を見つめての指導が良かったことになります。

かつて、鉄鋼産業をはじめ、鉄を利用して付加価値を付ける製造業や建設業が日本の主要産業であり、多くの大学卒業者の就職人気ランキングもこうした主要産業に群がりました。しかし、今は違います。

さて、今はどんな産業が国家と言えると思いますか？

ズバリ、情報です！　マイクロソフト、アップル、ヤフー、グーグル、フェイスブック、ツイッター、アマゾン、ウーバーをはじめ、各種の情報技術（ＩＴ）を駆使する情報関連産業が主要産業となり、またしてもアメリカが世界を動かしています。これらは、レーガン大統領時代に未来を考えていた集団が調査、意思決定してスタートした事業です。

やはり、その時代の指導者の差ということになるのでしょうか。残念ながら、当時の日本は鉄鋼及び製造業が世界一を極め、栄華を極めていたため、逆に未来が見えていなかったのです。日本の指導者たちは現状に満足し、未来をつくり上げていこうとする意志に欠けていたと言わざるを得ません。いずれにせよ、日本は今では、アメリカの主要産業である情報産業の利用者か模倣者になり下がっています。

冷静に考えてみると、かつて「鉄の時代」には目に見えるモノしかありませんでした。そして、モノを買うとは見えるモノにお金を払い、手に入れることでした。目に見えないモノに、お金を払う人などごくわずかしかいなかったのです。だから、当時、情報はただでした。情報を買うなどという習慣はなかったのです。これは、水や安全についても同じことがいえます。まさに、40年前ではなく20年前の時点であっても、想像を絶する時代が今なのです。

さて、次は「ライバル」を考えるトレーニングをしましょう。

## ライバルを予測する

Q5

予測力トレーニング ➡ 成功への近道

### あなたにとって、今のライバルは何ですか？

ここで、多くの方が関心を持つであろう、具体的な質問をしてみます。

「あなたにとって、今のライバルは何ですか？」

この本を読んでいる時点で思い浮かべたライバルを書いてみましょう。

大事なのは、なぜそのライバルが現れたのか？　あるいはライバルと考えるようになったのか？――という点です。その理由及び社会背景が重要なので、そうした状況も踏まえながら、答えを考え、書き出してみてください。

情報産業が今の主要産業であり、20年以上前の人たちには想像できなかったように、同じく想像できないのが、今のライバルの出現です。

私たち日本人の今のライバルは**中国**です。さすがに、今なら多くの方が中国だと当てると思いますが、30年前にこれを当てた方はまずいなかったと思います。

私は30年前に中国を4ヵ月ほどかけて一人旅をしましたが、30年前の中国はとても貧しくて、中国人の大半は服も食事も国からの配給品でした。

共産主義国で一党独裁軍事国家だった中国。服装は人民服で、紺色とウグイス色の2種類だけ。食事は米票という配給券が各家庭に配られ、指定のお店でしか購入できず、しかもかなり粗末なものでした。家を所有することは許されず、職業の自由もなく、ほぼ全員が公務員。労働に対する意識は低く、成果を問われることもなく、努力してもお金や地位などの報酬もありません。

しかも二重通貨で、外国との貿易や外国企業との関係があるものにしかその使用が許されず、旅行者に対してですら通貨の両替は闇市場で行われていたレベルでした。

少なくとも、30年くらい前まで中国現地を旅して、肌で感じていた外国人旅行者には、今の繁栄など全く予測できませんでした。

それが、数年前には日本を抜き、世界第2位の経済大国にまでのし上がったのです。

こうした現実を目にすれば、未来を予測する能力は成功への絶対条件であり、指導者には絶対に欠かせないものであることが理解されるのではないでしょうか。

ここで、あなたにも未来を考えるトレーニングをしていただきます。

Q6

思考トレーニング ➡ 成功への近道

# 5年後はどんなビジネスが成長していると思いますか?

これより未来志向に入っていきます。

まず5年先は見えますか? 5年先といってもいろんな予測があるので、まずはあなたのビジネスやライフスタイルに直結する質問がこれです。

かなり具体的な質問ですので、ぜひ、あなたなりの予想を立ててみてください。できれば理由も考えてみましょう。

「　」

私たち「信和義塾大學校」では、この5年後の成長ビジネスについては入門編として考えてもらっています。授業が進んでいくと、「10年後、20年後はどんな産業が主流になるでしょうか？」と問い、未来を予測する力を鍛えていきます。

入塾した当初は予測できなくても、1年ほど「帝王學」のエッセンスを学び続けると、7、8割の塾生が未来を読めるようになります。そうすれば、ビジネスとしてもライフスタイルとしても、準備ができるようになります。

さて、未来を予想する場合には、まず世界中で決まっているタイムスケジュール（条約や法律、制度変更、万博やオリンピック、ワールドカップなどは最低限必要）を押さえておく必要があります。例えば、東京オリンピック・パラリンピックです。2020年には確実に開催されるのですから、そのときあなたに何ができるか考えておきましょう。

もし、あなたが意欲的な商人であれば、2020年までに世界に普及させる「日本的なモノ」や「日本文化」そのものをビジネスにしてみませんか？

1857年、日本が初めて参加したパリ万博。着物や浮世絵、陶器、ガラス工芸品など、実に多くの日本独自の商品を世界に披露しました。その結果、徐々に日本文化が注目を集め、ジャポニズムが大きなトレンドになりました。

1964年の東京オリンピック、1970年の大阪万博——。今度は日本の科学技術が世界の脚光を集め、それ以降、アニメなどの影響もあり、日本文化が世界で大人気になっています。

こうした流れがあるからこそ、2020年に向けて、多くの企業や個人までもが、こぞってさまざまな商品を開発したりサービスを開始したりしています。こんなわかりやすい未来ですから、何でもいいのであなたも挑戦してみてください。例えば、おにぎりでもうどんでも、風呂敷でも折り紙でも、茶道や書道でも挑戦すれば成功率は高いはずです。

もし、あなたが実業家レベルの大きなビジネスに取り組んでいるのであれば、未来の繁栄を考えて、すでに世界を相手に、国内では何を、世界では何をなど考えた上での契約を進めているはずです。まずは2020年の東京オリンピックを題材にして、未来を予想してみてください。その上で、次のステージに移ればいいのです。

いずれにせよ、指導者に一番必要なのは「未来を指し示す」こと。**〈時を超える能力〉**です。予想を超えた予測力であり、もっと神がかった**〈予言〉**といってもいいかもしれません。

予測までなら、情報データ分析や徹底的な調査分析などである程度可能ですから、1年後なら概ねできるでしょう。しかし3年後となると、今は昔と比べものにならないほど時の流れが速いですから、予測すら難しいかもしれません。それが、〈予言〉となると、大脳では無理です。

「帝王學」を先に学んだ先輩は、こう言います。

「先が見えない方たちは、5年後の日本がどうなるか分からないでしょ？　10年後は？　20年後は？　我々は分かっているんだよ。分からないと、未来に向けての準備ができないし、仕事できないでしょ。それでは、指導者とは言わないんだよ」

あの経営の神様・松下幸之助の生き方の特徴は、**〈素直になる〉**ことでした。〈素直になる〉ことの大切さに気づいたら、神棚に向かって毎朝10回、「素直になりましょう」と唱え、30年以上続けたそうです。

自ら気づいたこと、他人から指摘されて気づいたこと、人生でのすべての気づきを大切に活かし、繁栄への道を駆け上がっていったのです。

幸之助は晩年、人生をふり返り、**「気づいた価値は百万両」**という言葉を残しています。ビジネスとは「気づき」の力がないとできないものなのです。

## Q7

予測力トレーニング　⬇成功への近道

## あなたの5年後のライバルを思い描いてください。

未来を読み切ったら、ライバルの出現についても考えおきましょう。準備や対策を怠ると、あなたの脅威になります。これまでの努力が無駄になるかもしれません。

ここでいうライバルとは、私たちの仕事を奪うかもしれない存在のことです。実は、彼らはすでに、給与の高い日本人の仕事を奪い始めています。さあ、考えてみましょう。

ちなみに、ここで考えたライバルが5年後に本格的な存在として登場し、10年後にはこのライバルが世界を変え始めていくとしたら、20年後はどんな国家になっていると思いますか？今は頭のトレーニングとして、考えるだけでいいのですが、あなたが30代以下か、あなたに子供がいたら、20年後は決して遠い未来ではないですよ。

今の50代後半以降の方が、人生の後半戦で割りを食っているのは、時代が大きく変わったからです。ＩＴ革命が起こることを予測して、学校や学部を選んでいないし、就職先も未来を見て決めていません。しかも、30代、40代まで、過去に身につけた習慣や能力に頼り、新しい時代への転換が遅れてしまった方が多いのではないでしょうか。

だからこそ、この20年後も今のうちから考えておく必要があるのです。

さて、20年後の主要産業はわかりますか？

「帝王學」を先に学んだ先輩は、こう言います。

「ITとかバイオではないよ。今華やかなITやバイオはもう主要産業ではなくなっているから。そんなものはあっという間に過ぎ去るよ。流行の速度はあっという間に過ぎるから。時速が1500キロだから。これは自転の速度なの。何が国家って言われて、20年後を考えてください。さらに、その20年後のライバルは？　中国の比じゃないよ。もし、こういうことに簡単に答えられるならオッケー。それが、指導者として仕事ができるってことです」

いかがでしょうか？　次は本書の核となる質問です。

## Q8　思考トレーニング ⬇ 成功への近道

## 人はなぜ学ぶのでしょうか？

人が学ぶために必要なのは、「何のために？」「なぜ？」などという明確な理由です。

ここまで読み進めてきたあなたなら、学ぶ理由はいくつか浮かんだのではないでしょうか？

いくつでもかまいませんので、今の時点で考えたことを書き出してみましょう。

さて、人はなぜ学ぶと思いますか？

答えは**「人が学ぶのは　成功し続けて、幸せになるため」**です！

よく考えてみてください。人間が一番、哺乳類で弱いけれど、百獣の王になりました。百獣の王とはライオンではなく、人間なのです。身体能力的には、人間はマンモスにも恐竜にも、ライオンやクマにも勝てません。しかし、人間はマンモスも恐竜も倒して、百獣の王になったのです。その理由は、「学び」にあったのです。

人間は、鳥のように飛べないですが、飛行機やヘリコプターで鳥よりも遠くに、しかも団体で速く飛ぶことができます。人間は、魚のように泳げませんが、船や潜水艦などで魚以上に速く、深く、しかも団体で移動ができます。

人間には、知性が備わっているのです。考える力が備わっているのです。だからこそ、学ぶことで人間はどんどん成功して、結果、幸せになることができるのです。

**あなたの学び次第で道は切り拓かれますし、成功だってできます。**

これに対して、失敗するにも理由があります。

いや、発明王エジソンのように失敗という言葉を使わないような偉人も多いですよね。おそらく、本当の成功者は失敗とか成功とかの言葉すら使わないと思うほど、自分の夢や目標をひたすら追求して、実現していますので。

だからこそ、成功し続けている人、つまり本当の成功者はひたすら先人から学び、自分の経験を基にして学び続けているのです。

**「人が学ぶのは　成功し続けて、幸せになるためです！」**と言いましたが、学んでいきながら、人に教えることも重要になります。つまり、成功した経験や成功するまでに学んできた知識や知恵を共有するのです。これが成功者の共通点だと思います。

つまり、自らの経験で得た智慧《ちえ》を社会に還元するのです。ここで、智慧とあえて漢字を変えていますが、この意味はわかりますか？

「知恵→智恵→智慧」と、三段階ある中で、最高の叡智《えいち》が**〈智慧〉**なのです。ここで、国語辞典などで調べて、考えてください。この調べて考えることが重要なのです。

私が信和義塾大學校を設立した理由の一つが、この智慧を共有して未来の人々に叡智を授けるためです。そのために、古今東西の智慧を集め、世界中の學問を学び、かつ現在、活躍している現役の経営者や政治家の経験からつかみ取った智慧を、私たちの教材としているのです。

私自身、指導者として信和義塾大學校を創設しただけではなく、自ら教壇に立ち、塾生たちへ講義を通じて教えているのもそのためです。

いやそれだけではありません。教えている私たち指導者も、実は目の前にいる塾生たちから学んでいるのです。

正直なところ、人には限界もなければ、学びに終わりはありません。講師や教授といえども、常に学び続けてレベルを高めていく必要があるのです。

本章のまとめとして、もう一度言いますと、40年前は鉄が国家。ライバルは欧米列強でしたが、全部勝ちました。理由はあなたが考えてみてください。今後の発展につながりますので。

さて、今は何が主要産業でしたか？　情報ですよね。鉄というマテリアルな産業が中心だった時代には想像できない。当時、目に見えないモノが売れるとは思っていないでしょ。そして、今のライバルは？　中国ですね。

では、10～20年後、何が国家？　つまり主要産業になっていると思いますか。問題は、ライバルなんです。これが最も怖いので、よく考えておいてくださいね。

このように、いつも未来を考えて、未来を指し示すことができるのを指導者といいますが、成功者も同じように未来を指し示す人のことをいいます。

つまり、**〈未来志向〉**で時を超える能力を持った人です。

さて、本章の最後の質問です。

## Q9

思考トレーニング ➡ 成功への近道

## パソコンやスマホの普及で、私たちは何を失ったと思いますか？

あなたは、パソコンやスマホなどを使っていますか？

もし、使っていたら、すでに失っていますので、気がつかないかもしれません。そんなときは一度、スマホやパソコンを使わない期間を3日間ほど設けてください。

その際、あなたにはどんなことが起きるか？　想像がつくと思いますので、考えたことを、次に書いてみましょう。

本章の

# 結　論

成功するには、〈未来志向〉〈素直に学ぶ〉〈考える力〉が必要である。

# 第2章

# 帝王學で何を学ぶのか?

## 現状を分析する

いよいよ、ここから「帝王學講座」を始めます。まずこの學問、いったい何を学ぶのか、その概要を説明しましょう。

その前にまず、ここで一度考えてみてください。

Q 10

思考トレーニング ⬇ 成功への近道

### なぜ、「帝王學は學問の王様」と言われるのでしょうか？

ここまで読んできて、何を感じましたか？

「はじめに」と「第1章」を読んできたあなたなら、「帝王學が學問の王様」と言われる理由も、だいたい想像がつくと思います。

考えたことを、次に書いてみましょう。

**「帝王學」は、人々を救う立場の人に向けた學問**としてスタートしています。それは、古くは国を治める王様、帝王、日本においては天皇家を含めた皇室関係者、公家、徳川家、そして明治時代以降は財閥の経営者らに受け継がれてきました。

そもそもが、**人格者を目指す人たちの學問**であるため、世の中をより良くしたいとの先達たちの念いからスタートしています。

ここで、「おもい」をあえて**「念い」**という漢字で表現しているのは、信念から出ている強烈な「おもい」だからです。「思い→想い→念い」と、「おもい」のレベルは大きく広くなっていくのです。この漢字をよく見て、あなたなりに意味の違いを考えてみてください。考える習慣をつけることこそが、成功者の近道ですから。

人々を救い、人格者を目指す「帝王學」で学ぶ最初の科目は、**「人と時代と天意を読む」**ための洞察力と決断力をマスターすることです。さらに、個人情報から国防に至るまでの危機管理能力（兵法・軍事・防災）をマスターしなければなりません。

孫子、諸葛孔明、足利尊氏（のちに足利学校）、黒田官兵衛など数多くの軍師たち、吉田松陰（松下村塾《しょうかそんじゅく》）、勝海舟など国を預かる指導者たちは、言動に責任を持ち、自由意志と最高責任者として常に洞察力と決断力が必要とされます。そのために、兵法も入った「帝王學」を学んだのです。

ここでいう**「帝王」**とは、単に身分の高さを表しているのではありません。**人として自由と創造力を活かした最高の生き方のできる人物**のことであり、古来の「鳳凰と龍」が象徴しているものです。

自ら不断の精進で學問を行い、技術を学ぶ。その智慧と経験で人々を救済することができる人材、これを指導者といい、その指導者が人々を救うために卓越した能力と思いやりを身に付けるために学ぶのが「帝王學」なのです。

あなたのイメージとは違うのではないでしょうか？　私は２００９年に「帝王學」の真相を知って感動し、すぐに学び始めたのです。

この「帝王學」を学べば学ぶほど、奥が深くて、「どこまで学べばいいのだろう？」と思い

鳳凰

龍

（＊風刻工房）

つつ、私は「帝王學」に含まれている學問の数々にはまりました。

例えば、4000年の時を経た學問である『易経《えききょう》』を学ぶことで、時を読む本質をかなり研究しました。学んで研究していても実社会に役に立たないので、私がコンサル指導をする850社以上の経営者にさりげなく教えてみました。もちろん、コンサル指導としての私の腕も、この『易経』によりかなり成果があがりました。

さらに、「帝王學」の科目の一つである『九星気学』も独自で深く学びを進め、これもコンサル指導先や友人などの協力を得ながら分析を深めて、実社会に役立つレベルに高めていきました。

つまり、「帝王學」との出会いはきっかけであり、重要なのは、いかに自分の努力で究めるか？——だと感じ、実践したのです。

未来を切り拓く**〈創造力〉**とお客様への**〈奉仕の精**

**神〉**を軸として**〈誠実経営〉**をマスターし、これまで日本が経験したことのない激動の時代を乗り越え、繁栄と発展を築き上げた哲学なのです。

さて、「帝王學」の内容の話に戻りましょう。

「帝王學」は**〈人と時代と天意を読む〉**學問ですから、当然、時流にあっていなければなりません。ここであなたに考えていただきましょう。

まずは、現状分析です。

## Q11

現状分析トレーニング ⬇ 成功への近道

## 今の教育は、何のためになりますか？

今の教育の中には、かなり時代遅れのものがあります。コンピュータの能力がこれだけ進化し、誰もがコンピュータを使いこなすようになった時代に、しかもＡＩ（人工知能）がドンドン社会進出するような現代において、詰め込み型の教育を含め、頭の教育の大半は不要となると思いませんか？

そんな社会背景を押さえつつ、冷静かつ素直に、**〈未来志向〉**で考えて、今の教育について書いてみてください。

この質問の答えは、だいたいお分かりですね？

**今の教育はもう終わったのです！**（こんなことを書くから、昔なら禁断の書、つまり禁書扱いとなり、闇に葬られることになるのです。）

学歴競争や偏差値での受験戦争はもう終わりとなりますので、今の学習塾は教える内容や教え方を変えなければなりません。当然のことながら、義務教育の現場も高校や大学も変わる必要があります。

ただし、こうした現実に当事者たちが気づけるかどうかは、はなはだ疑問です。

こうした状況にあっても、国や民間の教育機関はなかなか変わらないと判断し、私たち信和義塾大學校は独自に、〈**未来志向**〉で〈**考える力**〉を養うため、時代（企業など含め）の要請を〈**素直に学び取る**〉ことを始めました。

本書を読んでいるあなたには、ぜひ真剣に考えて欲しいのですが、トラックやブルドーザーが簡単に操作できる時代に肉体を過度に鍛えるスパルタ教育が必要でしょうか？

これより、教育の本質についても考えていきたいと思います。

## 教育とは何か

教育とは、社会が必要とする人材を育成する社会的仕掛けです。

人材を育成する仕掛けは、時代に応じて中身が違ってきます。あるときにはスパルタ教育に代表される戦闘能力を持った兵士・軍人を育てる教育であったり、あるときには業務処理能力が高いホワイトカラーを育成する教育であったりします。

教育の内容は、国により、時代によって違いますが、教育の目的はその国や時代が要請する人材を長期間かけて育成するという点では同じです。この点、人類の長い歴史を振り返ると、面白いことが分かります。

ところで、あなたは人類最初の教育は何か知っていますか？

遠い昔、ギリシャには肉体を鍛える教育がありました。これが人類最初の教育で、「スパルタ教育」といいます。ギリシャのスパルタ地方で行われていた教育です。

かつてギリシア・ローマ時代には、一番必要な人材は身体的能力が高くて、戦闘能力が高い者だったのです。当時、人類は互いに領土を確保し、食料などを獲得するために戦いばかりをしていましたから。

日本でも、そういう時代が長くありました。数々の戦いにより、人々を支配していた時代には、為政者はその戦いに必要な身体的能力及び戦闘能力が高い人材をつくり出すための教育をしていたのです、それが人類の最初の教育でした。

ちなみに、当時の「スパルタ教育」は、その後オリンピック競技に変化して、身体的能力の高さを競う国際競技となりました。

さてその後、新しい文明に移ったときに、それまでの身体的能力を鍛えるスパルタ教育は必要ではなくなったので終わりました。その代わりに、「頭のいい子」を育てる教育が台頭したのです。

特に、600年以上も続いた西洋人による植民地時代においては、自らが働かなくても、労せずに、貧しい国や地域の人を使い、ピンハネするという能力が必要になりました。この時代には、いかに頭を使い、ずる賢くよその国や地域を奪ったり、資源を使ったり（奪い）、人々の労働力（奴隷的にも）を利用して効率よく生産するかなど、支配者的な「頭で勝つ」時代に突入したのです。

この時代には、「頭の教育」が一番です。まず、土地を勝手に独り占めにして、そこで小作を使ってピンハネをする。このピンハネするには頭が良くないとできない。頭の悪い奴は帳簿も付けられないし、仕掛けも見抜けないですから。

だからこそ、相手を騙し、支配するために、頭の教育に変わったのです。

これが現代では、マネジメント能力やマーケティング能力やセールス能力など西洋的学問に進化し、マネーゲームさえも行われるようになったのです。

さらに、人々を支配する上で必要な武器や移動手段をつくることができる人材を育てる教育を必要とし、多くのエンジニアや科学者らを育成していったのです。

このように**教育とは常に時代に応じて、必要な人材を戦略的に育成する**ものなのです。この戦略に影響されて、多くの親たちは子どもたちの未来のためだと思い込んで、判断して、お金を学習塾などに使っているのです。

今の時代、これでいいのでしょうか？

ここで一度、考えてみませんか？

Q12

思考トレーニング ⬇ 成功への近道

## 今後、必要とされる教育は何でしょうか?

ここで質問です。頭の体操であり、未来の予測トレーニングにもなります。

教育とは未来をつくる上で、とても重要です。とりわけ、未来の主役である子供たちにどんな教育をするのか？　それは、指導者の未来を読む力にかかっています。

まずは、未来を予測した上で、思いついたことを次に書き出してみましょう。

# 心の教育は10年後の主要産業になるか

ブルドーザーなどパワフルで人間以上に使い勝手のいい産業ロボットや、人間以上に高い人工知能を搭載したコンピュータは今後もＡＩ（人工知能）技術の発達により、どんどん出てきます。これにより、多くの仕事はロボットなどに奪われていきます。

では、**人工知能（ＡＩ）搭載のロボットにはできないコト**は何でしょうか？

そのような時代には、どのような教育が必要になると思いますか？

コンピュータ（人工知能）と人間とでは、絶対に超えることのできない壁があり、両者の未知なる隔たりにより、まったく異なる頭脳が完成されています。例えば、人間には、美的センス、インスピレーション、霊性（アイデア）、ユーモア、同情の念、夢を描く、反省するなど、コンピュータにはできない抽象的な思考力があります。

人間とコンピュータの最大の違いは、コンピュータは目に見えるモノしか追いかけられませんが、**人間は目に見えない神秘性まで追いかけられる能力**があります。膨大な魂の記憶である「般若の智慧」も、宇宙と自己が一体である「梵我一如《ぼんがいちにょ》」も理解することができます。こうした**「心」「精神性」**といった人間独特の特殊な能力は、コンピュータには絶対真似できません。

日本においては今や、頭の良い人ではなく**心の良い人**、心配性ではなく物事を達観できる人、才能ではなく力量、器の大きさが問われ、胆のすわった人が求められています。

芸術での美的センスから科学での発明、発見まで、ノウハウではなくエッセンスが重要視されてきます。ロボットやコンピュータ、後進国の技術ではマネができない**〈時を超える能力〉**をいち早く身に付け、社会貢献に役立てていくことが求められているのです。

「帝王學」を学んだ先輩は、こう言います。

「これからの主要産業は『**心**』を扱うものとなります。まずは、心を育て、磨く教育。『**心の教育**』こそが、これからの最大の産業になります。今の日本の教育は、西洋式の頭の教育です。しかし、ハーバード大学など全米のトップスクールでは、すでに教育の方向性を変え始めています。日本は東洋の魂と哲学に加え、西洋の近代教育もうまく使いこなしてきた。つまり**〈和魂洋才〉**を使える民族なのに、気がついている人があまりにも少ない。帝王學を学ぶあなたたちが率先して〈和魂洋才〉を入れた教育をしなさい!」

ここでいう「心の教育」とは、東洋思想、インド哲学、中国哲学、神道、武士道などを入れた道徳がポイントになります。

日本人は、飛鳥の時代から唐の国をはじめ海外に若者を留学生として送り出し、心の教育を含め世界から学び、自国を発展させてきました。東洋の哲学・思想を深く学んだ日本人は、聖徳太子の「十七条憲法」にある「和を以て貴《とうと》し」にある通り、**「和」の心を磨き「和」を持った社会体系を目指す**ようになりました。これが長い年月をかけて、**〈和魂〉**となったのです。日本人は、これに西洋的な近代学問や思想、さらに西洋生まれの宗教的習慣や風習でさえも文化の中に取り込んできた器用な民族なのです。つまり、心のあり方としてはかなり自在性が高かったといえるのではないでしょうか。

東洋と西洋のすべての文明を取り入れる器用な心の持ち主である日本人。だからこそ、今後「心の時代」を迎えるにあたって、**〈和魂洋才〉**を持った日本人が世界で活躍する時代になっていくのです。本当の日本人の出番なのです。

今世界が求めているのは、**頭の良い人ではなく、心の良い人**です。時代の要請は、我欲による名声、地位ではなく、**人と自然に優しい気高い生き方**です。

信和義塾大學校は、新しい時代に必要な新しい人材を育成していきます。人類の運命を左右する時代の端境期に、創造力を開発する學校の創設が急がれています。脳力基準の偏差値などを超えた教え、心力基準、つまり**〈心の偏差値〉**のような精神指数を高める教えとなります。

信和義塾大學校での教育は、これまでのようなノウハウ的な処世術ではなく、西洋的な頭脳的な教育でもなく、バランスの取れた「心の優しさ」を求めた**人格を高める教育**になります。

Q13

思考トレーニング ⬇ 成功への近道

## 人々を救うためには、何が必要だと思いますか？

未来を読む力に加えて、人々を救うことが指導者の役割。そのために自らを磨き上げて人格者になるには、「帝王學」が必要なのです。

ところで、人々を救うために、どんなことを学ぶ必要があるのか？　思いついたことを、次に書き出してみてください。

「帝王學」は人々を救うための指導者が学ぶ學問ですが、そのために何を学ぶのかというと、初期段階、つまり最低限でもこれだけあります。しかも、理解できるだけではなく、使いこなさないといけません。

**①天地人三才。つまり「天の時」「地の利」「人の和」**

**②〈氣〉の學問**

つまり、「運命學」(運命の再生)として、天に与えられた生命の構図と人生の目的を知る**〈天地人三才〉**があるのです。簡潔にいうと**「天の時」**とは、時読み、バイオリズムで**時機到来**を学び、自らの天命や天才を知ることで、時代の要請を学ぶことです。

**「地の利」**は、景気経営学の教え、地理上と精神性に関する処方箋のことで、**繁栄する立地条件**を分析して知り、ビジネスや生活に活かすことです。国際情勢まで絡む、重要なものです。

最後に、**「人の和」**ですが、これは**気心を知る人間関係学**を深く学び、応用するものです。親が子へ与える愛と奉仕布施の実践のような意味合いで、いかに人として優しく生きるかを研究し、その成果としてガイアコードなどを利用しつつ**人間同士の和をつくる**重要なものです。

国際化がますます進み、複雑さがより増してきた現代、「帝王學」はかつての東洋思想だけではなく、明治時代からの〈和魂〉に加え〈洋才〉、つまりギリシャ哲学と量子力学など数多くの西洋哲学、技術などを取り入れて体系的に進化してきました。古来の大和魂、武士道、道徳に西洋思想や技術などのエッセンスを含めて、今**〈和魂洋才〉**へとバージョンアップしているのが、「帝王學」なのです。

「帝王學講座」の初級段階では、まず〈天地人三才〉を学びますが、これに加えて和魂の核とも言える**〈氣〉**についても学びます。

それでは、帝王學の根底であり、和魂の核である**「氣の學問」**から学んでいきましょう。

まずは、ウォーミングアップとして記憶力を測定してみます。まずは、次の問いに答えてみてください。

## Q14　記憶力測定問題 ➡ 成功への近道

## 氣のつく二字熟語を50個以上挙げてください。

この問題は、「信和義塾大學校」及び「信和義塾ジュニアスクール」の塾生が必ずチャレンジするものです。何も見ないで、10分以内に答えてもらいます。

日本にいる塾生の平均点は27個、海外にいる塾生の平均点は13個でした。ちなみに、気のつく二字熟語は200以上ありますので、友達や家族でチャレンジしてみてください。

## 東洋の叡智の核としての「氣(気)の學問」

**「氣の學問」**とは、4000年以上もの時を超えて使われ続けている學問です。例えば、「元気」「景気」「大気」そのものを研究すると共に、それぞれの**密接な関係性**をも探究する広くて深くて、永続的な教えが多く含まれています。

この教えは、日本では**聖徳太子**の時代から飛鳥の心、大和魂、武士道、道の教え、道徳として継承されてきました。今では人間学、経営学、環境学として大学などでも教えられており、一部の学校などでは「氣の學問」「道の教え」などとも言われて、継承されています。

ところで、なぜ、気ではなく「氣」なのか。理由をご存知ですか? 「气（きがまえ）」の中が「米」か「×」の違いですよね。

昔は、「氣」のエネルギーの偉大さを学んでいたので「氣」が使われていました。「米」とは、私たち日本人の命をつくり出すエネルギー源です。この「米」は文字通り、四方八方へ飛び散る強烈なエネルギーを意味しています。

ですから、米を主食としてきた日本人は心のエネルギーが強く、頭は賢かったわけです。ところが、戦後の教育においては、エネルギーを閉じる形の「×」を用いるようになり、その結果、弱々しい心になってしまったのです。

「×」が使われるようになったのは、第2次世界大戦後、GHQによる日本の占領政策が始まってからと考えると、想像がつきますね。

「氣」が使われていた戦前の日本人の心のエネルギーと、「気」にさせられた後の日本人の心のエネルギーの違い。そして、米を主食としていた時代と今。何がどう違うか?――も考える材料です。

ちなみに、「米」離れを含め食生活の西洋化の影響により、日本人の思考力や記憶力などの頭脳までも衰えてしまっていることは明らかです。

「Q13」の「氣のつく熟語」がどれだけ正確に出てきましたか？　あなたの記憶力はいかがでしたか？

さて、**「米」**は四方八方に広がるイメージの文字であるため、エネルギーを存分に発揮します。多くの作物のなかで、「米」ほど生命のエネルギーである太陽の光を長期間浴びてできる作物はありません。太陽の国であり、神国の日本の主食として米が選ばれ、今日まで2000年以上愛されてきた米が主食であるのには、意味があるのです。

その米を気（きがまえ）としてできた漢字が**〈氣〉**であるという認識で、さらに読み進めてください。今度は思考力を問う問題です。

## Q15

思考力測定問題

⬇成功への近道

## 精神的に病む人の社会貢献策を挙げてください。

戦後教育及び「米」離れのライフスタイルによって、日本人の精神エネルギー、つまり「心」が弱くなってしまいました。

精神的な病を持った方が500万人レベル（厚生労働省データ）にまで膨れ上がっているの

は、ライフスタイルや教育に問題があるからだと思いませんか？　彼らを救う方法を考え、社会貢献策やビジネスプランを挙げてみてください。

「最近、やる気が出ないな」「今日はモチベーションが上がらないな」という無気力。これが進むと、「滅気」となります。つまり、気が滅入る状態です。

ここまでは、薬なしで治せます。なぜなら、精神的領域、つまり気の持ちようですから。しかし、最近は多くの気が滅入っている方が病院に行き、薬を与えられています。しかも、長期間、薬を飲み続けているのに治らない。こんなことが社会問題になっていること自体が、大きな問題なのです。

しかし、大きな社会的問題があるところに、心優しい実業家や智慧のある商人の出番があるのです。ビジネスとは、問題を解決するか、快楽を与えるか？――のどちらかだからです。

かつて、心理学者のフロイトなどが唱えた**快楽原則**をご存知でしょうか？

「快楽原則は人間が快楽を求め、苦痛を避けること、すなわち生理学的・心理学的な必要を満たそうとすることを表す」

つまり、心を持つ限り、人間は快楽を求め、また苦痛から必ず逃れようとするという心理分析なのです。これをビジネスに置き換えると、あなたが成功するためには、この**快楽原則を応用して「人々を救済する」ことが重要**なのです。

実は、この問題も、「信和義塾大學校」及び「信和義塾ジュニアスクール」の塾生が必ずチャレンジするものです。日本にいる塾生は「うつ病」の方やその経験者が周りにいる方が多いためか、さまざまなアイデアが出てきました。しかし、どうしても既存の医療機関などを利用するようなアイデアが多数でした。

これに対して、海外にいる塾生には、「うつ病」の方に知り合いがなく、また精神的にも病んだ方がいないようでした。そのため、このテーマに馴染みがなかったせいか、アイデアがなかなか出ません。

しかし、思考力の源泉である「本質は何か」を考える習慣がある塾生たちが次々と質問をし、塾生同士で意見を交わしていくうちにアイデアが飛び出してきました。

やはり、思考力を鍛えるには「本質は何か」を考える習慣を身に付けることと、質問を繰り返すこと、そして意見を交換することが何より大切であることがわかりました。

本書ではこの日本人がかつて持っていた「氣のエネルギー」をあなたにも感じていただき、元気になって欲しいという願いを込め、「氣」という文字を意図的に使っていきます。

## 「氣の學問」の本質を学ぶ

では、**「氣の學問」**について、紹介していきましょう。

**「氣の學問」**の根底にある**〈和魂洋才〉**は、聖徳太子の**「道徳と政治の融合」**により、「冠位十二階」「十七条憲法」の形をとって日本建国の理念となっています。

現代では、この教えは、日本独自の自由主義経済を確立した渋沢栄一(「日本資本主義の父」とされる明治・大正時代の稀代の経営者)らによる**「道徳と経済の融合」**として集大成されました。

この偉大なる実業家の考え方を学ぶために、あのP・F・ドラッカーはわざわざ来日して研究したのです。

渋沢栄一による『論語と算盤』は、まさにこの學問がベースの哲学であり、日本を代表する「大きな愛に満ち溢れた」経営哲学として、代々の経営者らに大きな影響を与え続けています。ドラッカーの書籍に多大なる影響を与えているからこそ、日本人がドラッカーの本のファンになったのです。

この点は、世界の賢人が日本に学び、外国人を通じて日本を学ぶという循環が、今も続いています。

さて、渋沢栄一は、こんな素敵な名言も残しています。

**「真正の利殖は仁義道徳に基づかなければ、けっして永続するものではない」**

こうした日本独自の経営哲学は、松下幸之助や稲盛和夫などに継承され、今なお、多くの企業哲学及び精神に活かされています。

**「氣の學問」**はある意味、**「天に素直に従う力があるか」**ということを人間に問うています。かつての日本人は天や自然の脅威に恐れを持っており、それが自然崇拝にもつながっていました。

この点は、今の日本人にも相通じると思います。天や自然に逆らえる人は誰もいません。今なお、多くの日本人が「困ったときの神頼み」や「細部に神宿る」「神業」などのフレーズと共に、「神経」「精神」「神秘」「神話」などの熟語として、常に「神」を意識しています。その感性も**「氣の學問」**の影響なのです。あなたは意識していますか?

なぜ、心を意味する「精神」に「神」が宿っているのか?

なぜ、あなたの身体中に張り巡らされている「神経」にも「神」が宿っているのか?

なぜ、「神話」とは「神」の話なのか?

20世紀を代表する英国の歴史学者であるアーノルド・トインビーは、こんな名言を残しています。


**「12、13歳までに、自分の民族の神話を学ばなかったら、その民族は必ず滅びる」**


20世紀を代表する歴史学者がこう断言するのには、それなりの理由があります。

あなたは神話を読んだことがありますか?

では、あなたが家庭を持っていたら、子供に神話を読み聞かせたことはありますか?

あなたの家庭が滅びないためにも、ぜひ考えてみてください。

ここで、あなたの直感力を測定する問題です。

## Q 16

直感力測定問題 ➡ 成功への近道

# コンビニの数と神社仏閣の数は、どちらが多いと思いますか?

何も見ずに、直感で答えてください。神社の合計数、宗派に関係なく寺院の合計数、そしてコンビニの合計数を書き出してみてください。多い順に並べた上で、その数を比べてみてください。もちろん、合計数はそれぞれだいたいの数字でOKです。

文化庁文化部宗務課がまとめた『宗教年鑑』によると、2017年1月現在、神社の数は全国で約8万8000社、また総務省統計局のデータによると、寺院は約7万6000ヵ寺あるそうです。これに対して、コンビニは現在、全国に約5万6000店あるとされていますから、神社、寺院それぞれの数の方がはるかに上回っていることが分かります。

「神国」という言葉はありますが、「人国」という言葉はありません。学びのはじめに、この世をつくられた神仏の世界、霊界の構造を学び、守護・指導霊の啓示を受けられる素直な心を養うことから**「氣の學問」**はスタートします。

神仏や魂を前提に、実践としての信仰心を発動して心を究めていかなければ、天に愛されません。したがって、大きな事業はできませんし、そもそもご縁が広がらないので、成功すらできないのです。

この点、偉業を成し遂げた実業家らは、先祖など身内から、さらにはご縁のあった指導者たちから素直に学び、それを実践したのです。

日本に神社の数やお寺の数がコンビニの数より多いのは、日本人がそうした信仰心ある国民であることを表しているのではないでしょうか。

**「氣の學問」**で身に付ける**〈氣力〉**は、豊かな人間性、聡明な頭脳、揺るぎない胆力、圧倒的な行動力、そして自らの陽気さで人々を明るく楽しくする楽観性です。

本来、**「氣の學問」**のメインテーマは、元気、景気、大気、すなわち人間関係学、景気経営学、自然環境学を修得して、社会を幸せにできる人材を開発し、人物を育成していくことです。

まさに、「帝王學」のエッセンスなのです。

十人十色の**心の探究**である**「氣の學問」**を習得し、自らの運命をコントロールできれば、健康を保ち、家庭が繁栄し、事業を発展させ、必ずや人生を成功に導くことができて、幸せにもなれるのです。

## Q17

思考力測定問題 ⬇ 成功への近道

## 「景気」はなぜ、「景金」ではないのでしょうか?

あなたの思考力を問う問題です。実は、これはドラッカーが日本に来たとき、日本人に向けて発した質問です。

「景気」というのは経済用語なのに、「景金」とはいわず「景気」と「気」の字を使っているのはなぜか?――ドラッカーは、こう問うたわけです。

日本人であるあなたには、ぜひ漢字の意味を理解して欲しいのです。

あなたの考えを書いてみてください。

# 「景気」という文字に隠された深い意味

ドラッカーが日本に来たとき聞いた質問ですので、さすが鋭いですね。

ほとんどの日本人は、漢字をただ記号のように覚えているだけですから、深い意味を簡単に見過ごしてしまっています。しかし、彼は外国人だったので、一つ一つの漢字を丁寧に読んで、日本人のように見過ごさなかったのです。

だから、ドラッカーと日本人の案内係との間で、次のような会話が交わされたのです。

ドラッカー「左側の『景』というのはどういう意味ですか？」
案内係「太陽の光が京都の街を照らしている。景とは街を照らす力の意味です」
ドラッカー「じゃあ、右側のこの『氣（気）』の意味は何ですか？」
案内係「氣（気）は心といいます。心の力で街を照らす、こういう意味です」
ドラッカー「……」
案内係「つまり、『**景気**』とは心の力で街を明るくすることを意味します」

この話を聞いたときに、ドラッカーの理論が変わったわけです。まさに日本型の資本主義に、西洋人が気づいた瞬間でした。彼の**気づき**により**「あらゆる経済活動は人間の精神活動に由来する」**という理論ができたのです。

私たち日本人は、知らず知らずのうちに漢字を含めた言葉を覚えています。しかし、昔のように学校や家庭において、教師も親も漢字に秘められたメッセージを伝えていないため、ほとんどの日本人がそこに秘められた深い意味を読み取ることができません。

これより、私たちは、日常生活で大切な「健康」と「経済」と「環境」をテーマに、東洋の叡智を学んでいきましょう。

**「氣の學問」**のエッセンスを理解していただくために、簡単な言葉から説明します。

**元氣** < 生氣 < 活氣 < 強氣 < **氣力** > 弱氣 > 無氣力 > 滅氣 > **病氣**

まず、健康とは元気の気を知ること。分かりますか？

**「元気（氣）」**とは、気のエネルギーが元の状態にあることを意味しています。**上の図**にあるように、気のレベルが下がっていくと、気が病み、病気になります。さらに、気が狂い（狂気）、殺すほどの気（殺気）と最悪の状態に至るまでの「気持ち」のあり方で、人は変わります。

ですから、昔から「病は気から」と言われているのです。

次に、**「景気（氣）」**ですが、経済は気を学ぶことだといわれます。景気の気は企業家の理念と、企業精神と、消費者のニーズを意味します。この意味は、誠実な経営で製品に愛が込められていれば、愛用品、愛読書、愛車となり、店舗は消費者にご愛顧され、企業は社員の愛社精神で繁栄するということです。

愛の星・地球ガイアの意志と波長同通する人物は、人から愛され、人気を博します。

最後は、自然環境の気を理解することです。自然環境は、人の生活態度の善し悪しを反映するので、**「大気」**といいます。

地球を取り巻く気のエネルギーは「内と外がつながっている」ので、

回遊魚

開花

渡り鳥　（＊photo AC）

「外側」で起きている大気汚染、土壌汚染、水質汚濁などの「公害」及び「環境問題」により、人間の「内側」である身体の健康にも被害が現れてしまうのです。逆に言うと、人間の「内」、つまり「心」が乱れていると、「外」、つまり家の中や地域などが乱れるといえます。

　では**「氣の學問」**とは何たるかを整理して、解説していきましょう。

## ■「氣の學問」とは？〈その1　天啓〉

　生命体としての地球を「ガイア」といいます。高速で自転と公転をするこの強大なガイアは、時間をはじめとして、地上における最大の力と、最高の知性である磁気波動をメッセージとして、すべての生命に送り続けています。

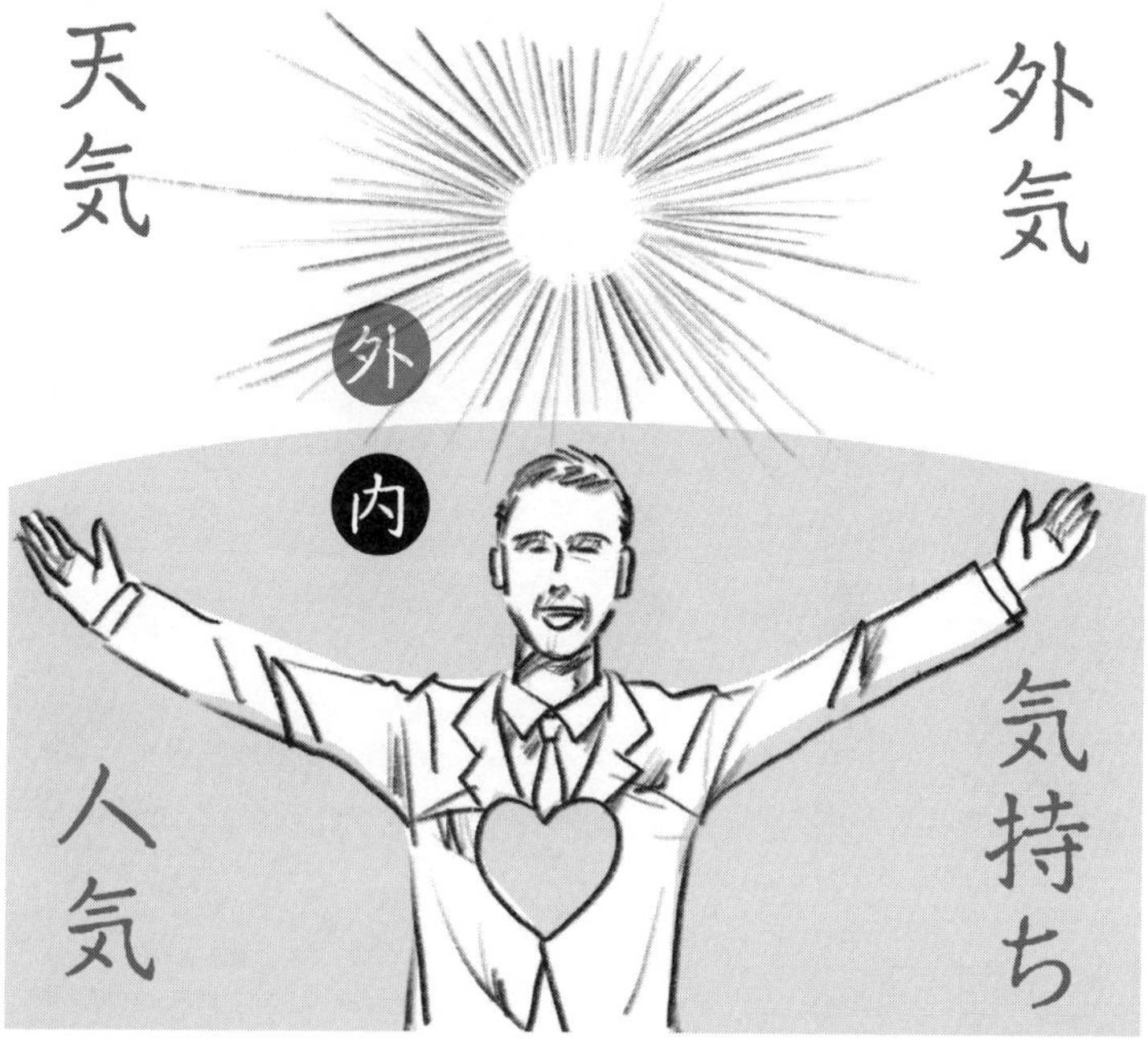


人はこの働きを、科学では「引力や磁気」と説明し、思想としては「気」や「心」と呼び、スピリチュアルでは「波動」と称しています。

草木は気候を通じてメッセージを受けて芽吹き、鳥や魚は気流に乗じ、時と方角を間違えずに渡りと回遊をします。

人の内側にあるときは「気持ち」や「人気（じんき）」となり、外側にあるときは「天気」「外気」となります。

**「愛語よく廻天の力あることを学すべきなり」**（道元禅師）と言われる如く、内と外との気は相通じ、

乱れた心を反映する汚れた街　（＊photo AC）

正常な心を反映する美しい街　（＊ぱくたそ）

大きくは国の景気から、小さくは人の元気や病気に至るまで、人生のすべてをコントロールしています。

ですから、**人の気持ち次第で経済が左右**され、**人間の心の善し悪しが自然環境に影響**を与えます。例えば、地域環境が荒れているエリアは犯罪が多く、地域環境が清潔で美しく保たれているエリアは治安も良く、人々のコミュニケーションも良好なのです。

これはつまり、人の気持ちと外の気持ちがつながっている「気」というエネルギーの深くて密接な関係性を意味しています。

**「氣の學問」**とは、こうした関係性も教えてくれているのです。

## Q18

### 思考力測定問題 ⬇ 成功への近道

# 人類に平等に与えられ、使い方が最も難しいものは?

**「氣の學問」**について、少し理解が深まりましたか。その調子で、思考力も磨いてください。

そこで、この問題です。実はこれ、世界中の学者も研究しているテーマですし、老若男女の差別なく、貧富の差もなく、地球上に住む人には平等に与えられているものです。

もう、お分かりですね。あなたの考えを書いてください。余裕があれば、さらにその理由まで考えてくださいね。

## ■「氣の學問」とは？〈その2　天の時〉

「時」は、地球の回転からできています。それには自転と公転とがありますが、自転は1日に1回転し、24時間で4万キロなので、時速約1700キロ。新幹線の最高速度はだいたい時速280キロですから、地球はその6倍以上のスピードで回っていることになるのです。

物凄く速いスピードですね。こうした高速の自転から地上最強の力、引き付け合う力が生じます。この求心力を科学では、「引力」と呼び、精神世界では「愛」と称します。

この目に見えない「時」が私たちの目で見える形になった現象として、流行とか人気があります。「時」は物凄く速い速度で動いているので、流行も変化していくのです。

一般では、人々を魅了して引き付ける力を人気、気が合う合気、和気あいあい、意気投合といいます。

この「時」の重要性を一言で表したのが、2000年以上も前の学者である列子《れっし》によるこの名言です。

**「時を得る者は栄え、時を失う者は滅ぶ」**

ここで、「時」を「愛」に変えて読んでみます。

**「愛を得る者は栄え、愛を失う者は滅ぶ」**

今度は、「人気」に変えて読んでみましょう。

**「人気を得る者は栄え、人気を失う者は滅ぶ」**

つまり、時代遅れになったものは、滅び、愛を失ったものは滅ぶということを、2000年前の学者は説いていたのです。

日本にはこの**「氣の學問」**を真剣に学んでいた経営者が多かったので、世界でダントツの長寿企業が多いのです。例えば、1000年企業としては世界で最も歴史のある金剛組（578年創業）含め10社もありますし、200年企業は約4000社、100年企業に至っては4万社を超えています。

企業経営が長寿であるためには、流行遅れでは倒産しますし、愛されていなければ、倒産します。この「時」「愛」を理解している経営者でないと、会社は持続的繁栄をしないことが分かります。

## ■「氣の學問」とは?〈その3　歴史〉

「氣の學問」は、中国4000年の聖賢の叡智として集大成された東洋哲学の精髄（エッセンス）であり、漢字の起原である甲骨文字にも大きな影響を与えました。

後に、干支、易経、道徳経、陰陽道、儒教、四書五経として継承され、陰陽五行説にインド哲学が加わり、玄学仏教として時を超え、場所を超えて一般の生活の中に浸透していったのです。

歴史上、崇高な生き方をした老子、孔子、王陽明の教えとなり、政治上では孫子や諸葛孔明へと伝承され、日本では聖徳太子が最初期の学び舎、法隆学問寺で教学として採用されてからは、人々の精神世界を形成し、時代と文化の基盤を築きました。

中国では「帝王學」と称し、日本では「天地の學」として、公家では陰陽師が継承し、武家では足利家から織田信長、武田信玄、徳川家康に至るまで足利学校を中心に教えられ、一般では道徳として学習されていたのです。昔の教育（戦時中より前の時代）では、道徳に力が入れられていました。

「道徳と経済の融合」による日本独自の自由主義経済の理念は、「誠実」という言葉に集約されます。誠実とは、偽りなき真実の言葉は成就されるという意味で、愛と同義です。

**道徳とは、〈誠〉〈義〉〈忠〉〈仁〉、そして〈愛〉で象徴されます。**

今では、道徳は学校ではあまり教えられていないようですし、一般家庭でも親が子供に教えていないことから、廃れているように思うかもしれません。

しかし、**「氣の學問」**は古代インドや古代中国時代を含めると4000年を超えた學問であり、日本に入ってから2000年近くにもなります。ですから、この期間、実に多くの人々が使い続けてきたために、**すでに一般の生活の中に深く浸透**していますし、風俗習慣から冠婚葬祭までの基礎となっているのです。

ちなみに、「空気が読める、空気が読めない」というときの「空気」とは、まさにこの學問でいう「氣」を読めるか否かであり、日本人が今なお、「おもてなしの精神」に満ち溢れ、気遣いができてしまうのも、こうした「氣の學問」のエッセンスが根底にあり、それが文化として定着してきた結果です。

近年、特に外国人に称賛されている日本の文化や日本人の精神性は、この「氣」が読めるからなのです。つまり、あなたの生活にはすべてこの「氣の學問」が多岐にわたって入り込み、もはや当たり前になっているため、この學問の存在にすら気づかないのです。

いかがですか？　少し「氣の學問」が身近に感じられましたか？

## ■「氣の學問」とは？〈その４　自然法則〉

ガイアから送られてくる磁気のメッセージを読み取る「氣の學問」は、長い歴史のなかで多くの優秀な人材を育成し、国家的大事業を成功へと導いてきました。

もちろん、現代でもなお、大企業の社名とその企業精神に受け継がれ、すべての生きとし生けるものを繁栄させ、社会を発展向上させる一翼を担っています。企業名でいえば、例えば天に従順する「順天堂」、大地の資源で生かされている「資生堂」、天の意志に任せる「任天堂」などを挙げることができます。

## ■「氣の學問」とは？〈その５　天声人語〉

洋の東西を問わず、古代の賢人が開発したこの「気の學問」は、共に形而上学で「天に問う」という意味です。

偉大なる企業の創業者は、智慧と富の宝庫〈ＩＤＥＡ・イデア（天上界）〉からのインスピレーション（霊感）によりアイデアを受けて、事業を発展させてきました。この〈ＩＤＥＡ・イデア（天上界）〉から一つ「Ａ」をいただくことを「Ａ　ＩＤＥＡ（ア　イデア）」、つまり「アイデア」と名付けられたのです。

優れたアイデアとは、天に問う形が多いため、これに気がついた賢人たちが瞑想を積極的に

取り入れています。

「偉大なる功績を遺したもので、瞑想の習慣を持たないものはいない」と言うほど、偉人たちは瞑想し、天に問うていたのだそうです。

さらに、真言（マントラ）・言霊《ことだま》・ロゴスも共に「天声人語」という意味で、**「氣の學問」**でよく使う言葉です。

ここで、「天声人語」の意味を解説すると、「天からの声（天啓）を人の言葉で表現する」ということになります。つまり、天からの声（インスピレーションやアイデア）を人間が分かるような文字や数式、音律や色彩にして表現し、人々に伝えていくということです。

このアイデアはパテントとして、崇高な智慧と巨万の富の源泉となります。

# 學

宗教から文学、政治、経済、芸術、音楽、科学に至るまで、さまざまな分野で民族を超えた普遍性と時代を超える永続性を持つ業績のすべては、「人事を尽くして天命を待つ」自助努力により創造性と愛を開発した人々への天からの贈り物です。

「氣の學問」で使われている「學」とは、天声人語の象徴なのです。「学」ではなく、「學」を使う意味を図解で示すと、**上記**のようになります。

**Q 19**

思考力測定問題 ⬇ 成功への近道

## 自動車などの普及で、私たちが失ったものは何でしょうか？

**「氣の學問」**について、徐々に理解が深まっているようですね。地球上に住むすべての人に、平等に与えられているものです。

もう、お分かりですね。あなたの考えを書いてください。余裕があれば、理由もお願いします。

# 龍馬はなぜ、江戸と長崎を徒歩で何往復もできたのか

自動車も鉄道もなかった江戸時代の人たちと、私たちの違いは何でしょうか?

確かに、文明の発達は私たちを豊かにし、幸せにしてくれることが多いですよね。便利ですし、速いですし、楽になりますし。しかし、この文明の発達には大きな落とし穴も多いことに気がついている方はいるでしょうか?

つまり、人間として本来持っている能力がドンドン衰えてしまっているのです。前出「Q9」の「パソコンやスマホの普及で失ったもの」と今回の質問は、この点で似ています。

例えば、江戸と長崎を歩いて行くと、30日くらいはかかるそうですが、龍馬はこの間を何往復くらいしたと思いますか？

坂本龍馬記念館（高知市）の資料によると、龍馬は33年の生涯のなかで地球を一周以上しているのです。凄いことですよね。もちろん、龍馬だけではなく、あの明治維新の志士たちはみんな、それをやっているのです。

龍馬の時代には、今ほど食材も豊富ではないし、栄養面に関しても、カロリーに関しても今ほど豊かではなかったはずです。当時の文献などを紐解くと、「一汁一菜」という食事も多かったようです。

つまり、たいしたものを食べなくても、医者も薬もサプリメントもなくても、健康で元気で、しかも活気もあったのです。

果たして、私たちがなくしたものは何でしょうか？

体力でしょうか？

もしかしたら、龍馬よりも体力では優っている方もいるでしょうね。

脚力でしょうか？

アスリートや長距離ランナーなら、龍馬より強いかもしれないですよね。

文明の発達で、私たちはいったい何を失ってしまったのでしょうか？

それは〈**気力**〉なのです。「江戸まで歩いて行くぞ！」という気力なのです。

## 「気」とは心のエネルギー

この〈気力〉というのは、精神的領域なので、食事や身体を鍛えるだけでは強くなりません。確かに、良質な食事や適度な肉体のトレーニングは重要だと思いますが、〈気力〉に基づくやる気、元気がなければ、江戸と長崎を歩いて行くなんてことはできないですよね。

「時代が違うよ！」との声も聞こえてきそうですが、できないことは事実。時代が違うことで、気力が衰えているのではなく、時代が進むことで科学技術が進み、文明が発達します。

文明の発達により、人間にとって重要な気力が衰えているとすれば、それは果たして人間にとって良いことなのでしょうか。

現代のような交通機関がない江戸時代の人たちからすると、私たちを「無気力な人間」と見下すかもしれません。だって歩けないのですから。

この無気力というのは、身体は頑丈なのに気力を失っている状態をいいます。

そもそも、**「『気』というのは心のエネルギー」**とも言えるほど、強いものであり、目に見えないけれど、重要な力です。

体力には年齢、食べ物、運動量などで一定の限界がありますが、気力、つまり究極の精神力は、物理的な制限を受けません。

年齢にかかわらず何十倍、何百倍に増やすこともできます。本気、やる気、勇気によって、生涯増強し続けることができる生命の最終資源なのです。

本章の

## 結　論

**成功者は〈天地人三才〉（「天の時」「地の利」「人の和」）と「氣の學問」を身につける。**

# 第3章

# 成功者は救済者である

## 天に愛される生きざまとは何か

信和義塾大學校の教えに、次のようなものがあります。

**「成功者は運の良さを語り、幸せな人は縁に感謝する。天は、人を救う人だけに運を与える」**

これは「帝王學」の教えを私なりに解釈して、成功し続けて幸せになる秘訣をまとめたものです。

私は時々、塾生のみなさんに**「天に愛されていますか?」**と質問をします。これについて、少しお話ししましょう。

私は1992年から環境ジャーナリストとして、活動してきました。その間には、国連の環境サミットにも正式に出席して世界中の大統領や総理大臣にインタビューをしてきました。そのときに気がついたのですが、政治家としての頂点にまで上りつめた**成功者というのは、物凄く愛が大きい人**なのです。

愛が大きいからこそ、天にも愛され、結果、成功されたのだなと頭では理解できました。しかし、当時の私は成功者を取材はしていましたが、自分の経験が少なくて、まだよく理解できていませんでした。

駆け出しのジャーナリストだったので、「利他の精神」とか、人々を救済するなどということは、よく分かりませんでした。唯一、私を取材に駆り立てていたものは、「美しい自然を失いたくない！」という念いだけでした。

私は大学時代、世界を一人旅しました。中国を4ヵ月間、アジアを3ヵ月間、南米を5ヵ月間ほどかけて回り、多くの人々と触れ合い、人類の歴史的な功績である芸術や建築物などに感動し、大自然の魅力に感激したという原体験を持っています。

なにせ一人旅ですので、考える時間はたっぷり、旅をしながら世の中のことや人間の本質について思いを巡らせていました。

そんな中で、出会った言葉があります。

**「幸福になる方法は、自分で実験してみなければ分からない」**

20歳そこそこの私には難しい言葉でしたが、それでも何か引っかかっていたので、メモに残し、時を見てその意味を考えていました。

幸せになる？

そもそも、私は現在、幸せなのだろうか？

考えても分からないので、私は自由に旅ができていることを幸せだと決めつけていました。

その後も、私はずっと幸せになることを意識しつつも、常に「私は幸せだ！」と決めつけていました。だからいつも、笑顔なのです。

不思議なことに、いつも笑顔でいるので、周りは友人だらけです。根拠のない自信が成功へのカギのように、根拠のない幸せ感も本当の幸せになる秘訣かもしれませんね。

## 成功する人は、無意識に成功への選択をしている

先ほど述べた **「幸福になる方法は、自分で実験してみなければ分からない」** という名言を残したのは、非常に有名な偉人です。
ほかにも **「あなたの強さは、あなたの弱さから生まれる」** などの名言を数多く残し、『夢判断』などの著作や論文でも知られるジークムント・フロイトです。
フロイトは精神分析をベースとする哲学の創始者とされ、人間が意識していない、いわゆる **「無意識」** を初めて扱った学者で、精神分析を広く援用し、精神病理に対し心理学的な側面か

LOVE
あらゆるものの
中心に愛を置き、
愛し愛される
至上の喜びを
見出せたとき、
幸福は訪れる。
Sigmund
Freud

らアプローチする手法を確立した、「心理学の父」と言われる人です。

20世紀の初頭は、科学といえば**唯物論**に偏りつつあったなかで、フロイトは人間の心理及び目に見えない世界にも注目した研究を行い、心理学や精神科学なども体系化しました。

フロイトは、マルクス、ニーチェと並んで20世紀の文化と思想に大きな影響を与えており、コペルニクス、ダーウィンとも並び称されています。さらに、イギリスの王立の科学協会から、ニュートン、ダーウィンに続いて3人目となる科学的評価も受けているほどです。どれだけの成功者かわかりますよね。

さて、これだけの成功を収めたフロイトは、「愛」についても語っています。人の一生を「仕事」と「愛」に集約した論文や書籍がありますが、その中にも数多くの名言が存在します。

愛に関するフロイトの名言を紹介しましょう。

**「あらゆるものの中心に愛を置き、愛し愛される至上の喜びを見出せたとき、幸福は訪れる。愛されると確信している人間は、どれほど大胆になれることか」**

いかがでしょうか？

フロイトが考える成功者とは、愛に満ち溢れた人だということもうなずけますね。

さらに、フロイトが言う**「あなたの強さは、あなたの弱さから生まれる」**というフレーズも、多くの成功者が語る言葉と重なります。例えば、「貧乏だったから、金持ちになりたかった」「弱虫だったから、強くなりたかった」など。多くの成功者は弱さをバネにして強くなろうと努力して、その結果、成功します。

しかし、注意がいるのは、成功したら、その弱い時代に味わった屈辱感や妬《ねた》みや嫉妬《しっと》を自らの努力で取り除かないと幸せになれないのです。なぜなら、人として美しくないからです。愛に満ち溢れていないと、人はすぐ離れてしまいます。

人は美しいところ、楽しいところ、幸せになれそうなところにしか集まりません。あのディズニーランドが、それを証明していますよね。

では、ここで問題です。成功者というのは、無意識レベルで成功する選択をしているものです。その点を考えていく上で重要な質問が、次のものです。

## Q20

記憶力測定問題 ➡ 成功への近道

# 花は誰のために咲くのでしょうか？　その理由は？

ここで重要なのは、その理由です。とてもシンプルな質問ですが、日頃考えていないような問題ですので、意外と書けないものです。

ぜひ、理由についてよく考えてみましょう。頭に汗をかきながら、書いてみてください。


花は自分のために咲くものではないですよね？　同じように、リンゴの樹はリンゴの実をつけますが、食べるのは他の動物や人間です。

つまり、すべてのものは、自分のためではなく、自分以外のために生存している、すなわち救済活動だという教えが「帝王學」にはあるのです。

これを人間でいうと、**〈利他の精神〉**とか**〈奉仕の精神〉**で社会を救済する、つまり世のため、人のためになる活動などということになります。

では、なぜこのようにすることが成功の秘訣であり、幸せになるのかについて考えてみましょう。

地球上に生きている限り、私たちは地球に起こるさまざまな自然現象の影響を受け続けています。朝が来て夜が来る。春が来て冬が来る。時には大地震も起きれば、台風も来る。あまりにも多くの影響を、私たちは受けてきましたし、受けています。そして、今後も受けます。

この地球について少し意識するだけで、「成功の法則」が分かってきます。それを、「帝王學」の教えに基づいて解説します。

地球の回転から生じる地上における最強の力を〈愛〉といいます。これを科学的に解釈すると引力です。先ほどの心理学者フロイトが言うように、愛の力は計り知れません。愛がなければ、誰も生きていけません。愛というと、恋愛とか結婚を意識すると思いますが、それは愛の一番小さなレベルなのです。

**次ページの図**にある通り、愛というのは、個人レベルから始まり宇宙まで広がっているものです。

例えば、「北風と太陽」という童話があります。勝ったのはどちらでしたか？　それを思い浮かべれば、想像がつきますよね。強引に旅人の服を脱がせようとする北風、それは権力や地位や金などの「力」を意味しています。一方、太陽は「愛」を意味しています。力などよりも、

愛のレベル（領域）の広がり

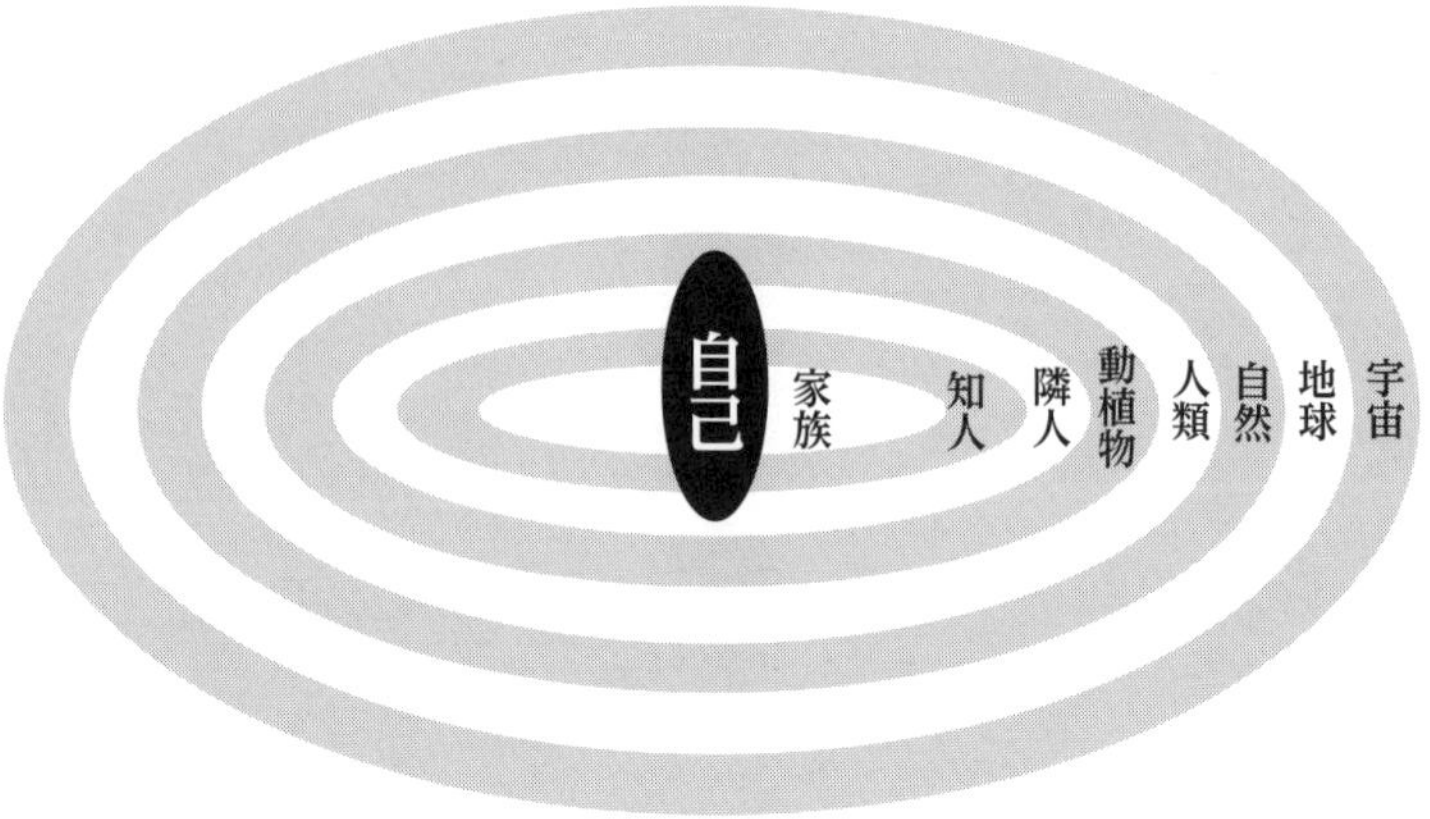


愛が勝つのです。愛とは人気ともいえるので、成功するには欠かせないのです。

　だからこそ、愛をマスターしていれば、すべてのものを引き付け、結び付けて一つにすることができるのです。他人と力を合わせて、念いを一つにすれば、世の中の人々のニーズや気持ちが読めるようになります。気配りができて、気の利いた運営や経営ができるようになるので、栄えるのです。

　多くの人々のために尽くすことで、天にも愛されますので、結果的には天からのメッセージ（天啓）であるアイデアを、インスピレーション（霊感）で受けられるのです。

　**成功というのは、自助努力により創造性を開発した誠実な人への天からの贈り物です。**

「人事を尽くして天命を待つ」ということわ

ざがあります。まさに天に愛された者に与えられる、天からの贈り物なのです。

## Q 21

思考力測定問題 ➡ 成功への近道

## あなたの目の前にある秋刀魚に関わった人は何人?

ここで重要なのは、あなたの愛の大きさであり、ビジネスセンスです。

この問題は「信和義塾大學校」では子供向けではなく、経営者向けの問題として出題して、考えてもらっています。3分くらい時間をとって考えてから、書いてみてください。

あなたの食卓に並んでいる一匹の秋刀魚に、どれほど多くの人々の愛のリレー（気持ちと努力）があるのか？　そして、自然界の念いが込められているのか？――考えたことはありますか？

この質問は、成功者に必要な世の中のつながり、縁を考える重要なものです。

例えば、秋刀魚を釣りに出かける漁師は、「板子一枚下は地獄」という非常に危険な海上で仕事をしています。この漁師さんたちがいなければ、あなたは秋刀魚一匹食べることができません。

また、秋刀魚を釣るために必要なさまざまな道具は、誰が作っているのでしょう。道具を作った会社や個人の努力がなければ、さすがの漁師さんも秋刀魚を釣ることはできません。その際、必要となる道具は、大は船から小は釣り針までさまざまですが、その一つ一つの部品にも生産者がいて、その家族も含めて生活が関わっているのです。

さらに、釣った秋刀魚をあなたの元へ届けるためには、築地に運ぶ輸送業者のトラックの燃料、タイヤ、ハンドル、ピストンからボールベアリングに至るまで、その一つ一つの部品にも、国内外の関連業者とその家族の生活が関わっているのです。

まだあります。秋刀魚が運ばれた先の市場でセリを行う人や買い付けをしている販売業者（魚屋さんやスーパーなど）や施設や設備などに携わる会社や人間の手間も忘れてはいけません。

これだけ長い時間と多くの人たちの手間を経て、秋刀魚一匹があなたの食卓の上に並ぶのです！　これは奇跡だと思いませんか？

これだけの努力と奇跡の連続を経ている秋刀魚に関係した人たちは、少なく見積もっても3万人以上です。秋刀魚ですから「3万人」と覚えれば、感謝する数を忘れませんよね。

さて、こうして3万人の人々の誠意と努力があって、あなたはこの秋刀魚を数百円程度で食べられます。もし、あなたが、自力で秋刀魚を獲りに行こうものなら、いったいどれだけの日数と費用がかかるか？　想像がつきますか。

私は調べてみました。最低でも100万円は超えます。しかも、素人の私たちでは生きて帰れる保証はありません。もしマグロなら、500万円以上はかかるし、そもそも生存の保障すらない過酷な現場と聞きます。

ここで重要なことは、秋刀魚一匹をとっても、これだけ多くの方々が**ご縁でつながっている**ということなのです。

こうしたご縁、つまり**〈愛のリレー〉**の中には、残念ながら、事故で命を落とす人もいるかもしれませんし、やむなく採算に合わない商売をしている人がいるかもしれません。たった一品でこの状態ですから、食卓の全品では、数限りのない人々の勤勉さと喜んでもらいたいという大きな愛と強い念いが込められていることを、私たちは理解しなければならないのです。

このように、無数の人々の熱意と努力で、多くの食材は調達されており、これらを料理した食べ物が食卓に並びます。

しかし、私たちはこのようなことを考えず、まるで何事もなかったかのように当たり前に、三度三度の食事をしていますね。何気ない人生の一つ一つの場面が、人々の無限の愛のリレーというネットワークで成り立っているのです。

私たちは、これを「食卓縁起《えんぎ》」ということを、「信和義塾大學校」の帝王學の講座で教えているのです。

## なぜ、「いただきます」と言わなければならないのか

私たち日本人は、誰もが食事の前に、「いただきます」と手を合わせます。なぜ、「いただきます」と言って食事を始めるのか、あなたは考えたことがありますか？

そもそも、「いただきます」の意味を、理解できますか？

いったい、何を「いただいく」のか？

一度、考えてみてください。

「いただきます」の「いただく」は、神様にお供えしたものを食べるときや、位の高い方から物を受け取るときに、頂（いただき。頭の上）に掲げたことから、「食べる」「もらう」の謙譲語として使われるようになったことに由来します。

やがて、食事を始めるときに「いただきます」と言うようになり、食前の挨拶として定着しました。食前、食後の合掌（手を合わせること）は、毎日のことであるだけに、感謝の心を養うために大きな働きをしているのです。

何を「いただく」のかというと、**〈命をいただきます〉**ということです。米、麦、肉、魚、野菜、果物など、いろいろなものを食べますが、それはそれらのものの「いのち」をいただいて、自分の「いのち」を養っていることなのです。

食べるという行為は、たくさんの人々のおかげにより、いただけるのであり、生かされているのです。

食事のときには「おかげさま」を喜び、料理の材料となってくれたものすべて（命はすべてのものに宿っていますから）に「ありがとう」の感謝の気持ちから合掌し、食前、食後のことばを唱えてきたのです。

そうした多くの命をいただき、私たち人間の命を守っているのです。

もちろん、それだけではないですよ。先ほどの食卓縁起にある通り、ご縁でつながっているすべての方に感謝なのです。

## なぜ、食後に「ごちそうさまでした」と言うのか

では、私たちはなぜ、食後に「ごちそうさまでした」と言うのでしょうか？

「ごちそうさま」を漢字で書くと、「御馳走様」になります。昔は今のように冷蔵庫もスーパーマーケットもありませんから、食材を揃えるのは大変なことでした。「馳走」は走り回るという意味で、食事を出してもてなすために人々が奔走する様子を表しています。

そして、丁寧語の「御」をつけた「御馳走」にもてなすという意味が含まれるようになり、贅沢な料理を指すようにもなりました。

そのうち、いろいろと大変な思いをして食事を準備してくれた方への感謝を込めて「様」が付き、食事のあとに「御馳走様」「御馳走様でした」と挨拶するようになったのです。

私が経験した世界45ヵ国では、一部の宗教的儀式を除き、この「いただきます」と「ごちそうさまでした」を言う国はほとんどありませんでした。

うまく翻訳できないのは、そうした事情があるからです。

こうしたことにおいては、日本はどんなものに対しても敬う気持ちを抱き、感謝をする国民なので、食事の際に「いただきます」や「ごちそうさま」と言ってきました。どれだけ、日本人の知性が高いか？　誇りに思いませんか。

「食べる」とは、多くの奇跡の連続なんです。

だからこそ、日本人は独特の感性でこの「食べる」ことにこだわり、知性を持って「食文化」を育ててきました。それが「和食」として、世界で最も尊敬される料理となり、2014年には世界遺産にも登録されたのです。

これで、あなたは今日から、食事をとるときには、ちゃんと「いただきます」と言いながら、目の前の食材を獲ったり、食事を作ってくれたりした人たちに、数秒でもいいので心のなかで感謝できますよね。

## 感謝の気持ちを持つ

私の知る限り、成功者はみな、明るくポジティブな人であり、ご縁に感謝できる人たちです。

成功したければ、成功者のまねをするのが早道です。もし、あなたがネガティブな考え方を持っているならば、今日からポジティブな考え方に変わる努力が必要となります。せっかく努力するなら、確実で最短の道を選択したいですよね？

だとすれば、答えは簡単です。かつての私が実行したことであり、多くの教え子たちが実践して効果をあげている方法があります。

それは、**感謝の気持ちを持つ**ことです。

それを確実に実践する一つの方法として、**「成功ノート」**をつけることが挙げられます。「信和義塾大學校」では、「成功ノート」を書く習慣をつけてもらい、成功して幸せになるスピードを速め、かつ持続できる教えをしています。

ここでのポイントは、先ほどの食卓縁起にあるように、今の世の中を見渡し、自分自身の生活を観察して、毎日、自分の人生で感謝していることをリストにして並べてみるのです。

こうして感謝リストができて、眺めて、手を合わせて「ありがとう」と言うと、もはやネガティブになっている時間はなくなり、もっとポジティブに考えるように変わってしまいます。

ほとんどのネガティブな感情を持つ人というのは、自己憐憫《れんびん》が原因になっています。つまり、「可哀想な私」という自己愛が強すぎて、自己顕示欲、自我欲が表に出すぎるのです。しかも感謝の心が少なくて、人の成功や幸せを妬《ねた》んでいる人が少なくありません。

そうしたネガティブな人は本人が一番辛いので、さっさとネガティブな籠から旅立った方がいいのです。

そのためには、感謝の気持ちを持つことです。そうすれば、惨めな自分から前向きな自分に変わることができます。そのためにも、ぜひ「成功ノート」をつけてみてください。

例えば、朝起きて「今日は何に感謝しよう」と自問自答する。そして、心に浮かんだことをすべて書き出してみる。それは、太陽かもしれないし、風かもしれない。お母さんやお父さんかもしれない……。

人生の喜びのすべてに感謝をしたくなれば、あなたは間違いなく成功者になり、成功者であり続け、幸せになることができます。

なぜなら、これは「成功する3大法則」の一つだからです。

## Q22

思考力測定問題 ⬇ 成功への近道

# 10代前までさかのぼった直系の先祖は何人いますか？

今、あなたが生存しているのは、ご両親のおかげです。当然のことながら、ご両親にもご両親がいて、そのまたご両親にもご両親がいます。

このように、どんどんさかのぼると、あなた自身の直系のご先祖様は、いったい何人になるのでしょうか？　10代前までさかのぼると、どうでしょう。

これは、「信和義塾大學校」のジュニア向けの問題であり、親に感謝ということを教えるだけではなく、いかに壮大な愛と努力のリレーを受けて生まれてきたのか、という自覚を子供の頃から持ってもらうための質問なのです。

大人の場合には、次の「Q23」のような質問をします。

人は一人では生きていけません。そんなことは誰でも知っています。しかし、自分が生きていくために、どれだけの命のリレーがあったか、知っている人は少ないものです。やはり、生きている上での本質なので、ここで学んでおきましょう。

まず、あなたには両親がいます。つまり、1代さかのぼると2人。両親にはそれぞれ両親がいますので、2代さかのぼった祖父母は4人。これを自分の直系だけで10代さかのぼると1024人になります。もし20代さかのぼると104万8576人、30代さかのぼれば、なんと10億人を超えます。

平均すると、1代あたりが25〜20年（昔は20年前後と思われる）ですから、10代だと200〜250年なので、江戸時代にまでさかのぼることになります。20代だと400〜500年。この時点ですでに、あなたには100万人ものご先祖様がいるのです。これは、世界中の人々に共通のルールです。

さて、30代も前にさかのぼると、10億人突破ですから、600〜750年前になると、世界の人口は10億人もいませんでした。当時生きていた人類はみな親戚になってしまいます。それほど、人と人はご縁でつながっているのです。

このつながりを**「時間縁起」**といいますが、あの京都にある**三十三間堂**（十一面千手千眼観世音）は私たちにそのことを目に見える形で教えてくれているのです。

先祖のなかには、戦乱や飢餓の時代に弱音を吐かず耐え忍び、命の炎を絶やさずに聖火ランナーのように、愛のバトンを次の代につないできた人もいると思います。子供に食べさせるた

# 時間縁起

人と人はご縁でつながっている

めに、自らは飢えて死んだ先祖もいることでしょう。正義を貫くために弾圧を受け、子供を残して処刑された先祖もいるかもしれません。

いずれにせよ、自分がこの時代に存在していることは、彼らが自らの命と引き換えに子孫に命を受け継がせた結果である。そのことは確かなのです。

先祖が経験したどの時代より恵まれた現代に生きているあなたは、幾世代も命がけで守り抜いた先祖の念いに叶った立派な生き方をしてください。

驚いたかもしれませんが、この点を東洋の哲学は見抜いており、學問体系をつくり上げていたのです。それは、「すべての人はつながっているから、自分と同じように愛しなさい」という教えです。

これを子供のときに教えられれば、親だけではなく、先祖を敬って優しい世の中ができると思いませんか？　それを全世界の子供たちが知ったら、戦争などの争いさえ消えると思います。

## Q23

直感力測定問題 ➡ 成功への近道

## 人間をつくったのは何だと思いますか？

さて、最も高度な問題です。しかし、人によっては一番簡単な問題ですよね。あなたは、分かりますか？

すでに答えを知っている人は、生きざまが違いますし、世の中の見方が違います。成功して幸せになっているだけではなく、多くの人々を幸せにするために、真剣に生きているはずです。

人の生命を支える神仏との縁、先祖との縁、社会関係における縁、その膨大な「天佑神助」の力を理解すると、いよいよ成功者としてのレベルが高くなっていきます。そのためにも、この問題の答えを真剣に考えてみてください。

世の中とはどのようにしてできているのか？――そう考えると、救済活動こそが人として生まれてきた以上やるべきことであり、救済活動ができている人だけが成功者になれることが分かってくるはずです。

こんな法則があるなんて、知らないですよね。

私も、この「帝王學」に出会って初めて知りました。

さて、答えが気になるので、先に教えましょう！

私たちをつくったのは創造主、宇宙です。人によっては、神という方もいますが、神とは元人間です。神社に祀られているのは、元人間なのです。

例えば、明治神宮は明治天皇ですし、東郷神社は東郷平八郎、松陰神社は吉田松陰です。伊勢神宮は天皇家のご先祖様で天照大神、そして出雲大社が大国主命です。

こうした神になった人間をつくったのは創造主で、英語では「Something Great」と表現される存在で、恐れと敬意を持たれています。日本では、これらを総合して、「天」といっています。

だからこそ、「天に愛されているか？」と自問自答を繰り返し、人生を歩み、言動を振り返ることが、成功し続けて幸せになる究極の秘訣なのです。

## すべてに感謝しよう！　みんなつながっているから

**人生最良の生き方は、すべてに生かされていることを知り、恩返しをすることです。**

人事や自然の恩恵など、あらゆる物事が結びつき、互いに助け合っていることを「縁起」といいます。私たち日本人には馴染みの深い言葉であり、一つの教えのようなものです。

出雲大社は縁結びの神社といわれるほど、ご縁という言葉はよく使われます。しかし、この「ご縁」に値する言葉は、欧米にはありません。正確にはこの意味を深く理解しての言葉がないのです。

私も、世界中を取材するなかで、「ご縁」に関して質問をしたり、現地にいる日本人の協力を得て調査をしたりしましたが、やはり見当たりません。

おそらく、「ご縁」というのは、きわめて哲学的な言葉といえるのかもしれませんね。

ここで、もう少し深く「縁起」とは何かについて、考えていきましょう。

縁起とは、まず人と人のつながりを意味します。この点は外国人でも、分かります、単に人と人の関係であれば、言葉がありますから。

しかし、この縁起を「一即一切」という言葉に置き換えたとき、意味はより深くなります。これは奈良にある東大寺の経典「華厳経」に出てくる言葉で、「一つの存在がすべての存在と愛でつながっている」という意味です。

これを、あえて英語にすると、こうなります。

「One for All All for One（ワンフォーオール　オールフォーワン）」

「一人がすべてのために、すべてが一人のために」――これはラグビーでよく使われる言葉ですね。

ここで、生命（いのち）をクリスマスツリーに釣り下がる銀のボールにたとえてみましょう。一つ一つの銀のボールには、360度他のすべてのボールと光景が映り込んでいます。他のボールの一つ一つにも互いの姿が交映し合って輝いていています。人と他人と自然と神仏のすべてのものが密接に連関して、慈悲と智慧による光のネットワークで結びつけられていることを象徴しています。

人は、自分の認識できる範囲を超えて、有形無形の援助を受けて生かされています。人一人が生きていくためには、衣食住どれほど多くの人や生き物、そして自然環境に支えられているか、考えたことがありますか？

縁起とは、「一即一切」の意味です。一つの存在が、すべての存在と愛でつながっていることを体感することです。天地は同根にして、万物は一体であることを確信する境地です。自分の命と森羅万象が密接につながり合って、分け隔てができないということを考えたことがありますか？

日本語には、「お蔭様」「お互い様」という言葉があります。この深い意味を私たちは漢字を通じて、知らず知らずのうちに学び取り、そうした多くの体験を通して人格の向上へとつなげているのです。

人生におけるすべての縁起を知り、愛の力を活用することこそが、大きく成功する、すなわ

互いの姿を映し合いながら輝くクリスマスツリーのミラーボール

ち**大成の秘訣**なのです。

人の要望やニーズを知るには、気づき、気配り、気遣いが大切です。

気を使わずに、人を理解することはできません。気づきや理解における最高の働きを愛といいます。だからこそ、**愛は成功の鍵**となるのです。

## Q24

**思考力測定問題**

**⬇成功への近道**

## 「ありがとう」を、漢字で書いてみてください。

さて、私たちが感謝するときに必ず使う言葉が「ありがとう」ですが、これを漢字で書けますか？

漢字で書くと深い意味が分かり、「帝王學」に隠されているメッセージを理解できますので、さらに成功するスピードが加速します。

これを知ったら、「成功ノート」がドンドン書けるようになるはずです。

さあ、「ありがとう」を漢字で書いてみてください。

## 「ありがとう」の語源は「有り難きこと」

私たちは「ありがとう！」とよく言いますが、本当の意味を考えたことはあまりないですよね？　あなたはいかがですか？

日本語は奥が深くて、平仮名で見ていると、ほとんど意味が分からないことが多いです。例えば、「ありがとう」も平仮名だとピンときません。

しかし、**「有り難う」**と書くと、語源である「有り難きこと」、つまり奇跡的な出来事というイメージを感じ取れます。この漢字をつくった人たちは天才だと思います。調べれば調べるほど、感動します。

さて、この「有り難きこと」が人間の生きていく上でどんなことなのか、紹介していきます。

まずは、私たちの身体の中にある細胞についてです。

人間の身体の中には、奇跡的な素晴らしい装置が備わっています。代表例がアデノシン三燐酸（ATP）です。このATPをつくるために、細胞のミトコンドリアの中には、クエン酸サイクルという精密装置がついています。

およそ60兆個の細胞一つ一つに数十個から数百個のミトコンドリアがありますから、その総数は膨大で、しかもそのすべてが1000分の1㎜サイズです。

この神秘的機能を完成させるのに、自然がどれほどの歳月を費やしたかは想像もできません。これと同じものを人工的につくろうとすれば、世界中の資金を投入しても不可能です。だから、自然の働きは偉大なのです。

しかも、このATPは毎日24時間、休むことなく一人一人の生命を守り、体温を保ち、歩くことや話すことのすべてを可能としてくれているのです。もちろん、あなたの身体の中にもこの奇跡が毎日行われています。

だから、毎日、朝起きたら、あなたは身体中のすべての細胞に感謝すべきです。もっと言うと、私たちの身体に張り巡らされている血管の総延長10万㎞、遺伝子（DNA）の総延長10 80億㎞というのも、人知を超えた天文学的数値なのです。

奇跡とは、眼が不自由な人が見えるようになることや、足が不自由な人が歩けるようになることだけではありません。音が聞こえ、話をすることができ、色彩の違いが分かり、毎日、食事ができ、心臓が鼓動し続けること……それらすべての「生きていること」そのものが、奇跡の連続なのです。

**「有り難う」は、私たちの目の前で繰り広げられる、通常ではありえない奇跡が起きていることへの感謝の言葉です。**

あなたは、毎朝目覚めたとき、自分の身体に少しは感謝する気になりましたか？

あとは、あなたにお任せします。ただ、よく考えてみてください。もし、この世に神様がいたとしたら、毎日感謝する人間と感謝しない人間、いったいどちらが神様から大切にされるか？

もし、あなたが神様なら　どうしますか？

# 自然の恵みにも感謝がいるのです

あなたは、毎朝起きて外を見たとき、太陽に挨拶をしますか?

「有り難うございました」と、太陽に向かって手を合わせていますか?

実は、これは日本人が昔から大切にしてきた習慣であり、人生で成功する人たちが毎日行っている重要な習慣なのです。

私は会社の経営も行っていますので、朝が来ることにも感謝しています。たとえ太陽が出ていなくても感謝するのです。なぜならば、この世に太陽があって、雲があって、雨が降ってくれるからこそ、自然の恵みを受けられるからです。

私たち社長は、経営が仕事なので、すぐに一つ一つの有り難さを数字を使って計算してしまいます。例えば、太陽の恵みはいくらかわかりますか?

太陽が無料でくれる光や熱を、もしガスや電気で代用しようとしたら、一人当たり一日につき、いったいいくらかかるでしょうか? おそらく、1億円は下らないでしょう。

では、地球上にある大地のレンタル料は、世界中の地代を合算すれば分かります。元々大地は、そのへんの地主のものでも、不動産屋のものでもありません。生命体としての地球（ガイア）がつくり出し、統治しているのです。

では、空気の代金は、いくらでしょうか？　例えば、スキューバダイビングをやる方は分かると思いますが、潜水用の空気ボンベを借りると40分で数千円します。

水の料金はどうでしょう。高価すぎて算出が難しいです。私たちが、水道局に支払っているのは輸送料だけで、$H_2O$（水）の価格ではありません。人工的には、一日たりとも人類をまかなえるほどの量を、人間にはつくれないのです。

ほかにも食料からエネルギー、建築資材、そして微生物を生かして処理している生ゴミや糞尿に至るまで、さまざまな経費がかかっています。しかし、私たち人間は、1円も払わずに、まるで自分一人で勝手に育ったかのように振る舞っています。

よく考えてみましょう。私たち人間は結局、自然界、つまり地球の恵みがなければ、この地上に誰一人として生きてはいけないのです。

これが、あなたも私も、みんなが知らなければいけない真実です。

だからこそ、せめて毎日、自然界に、地球に感謝をする習慣だけは、人として持ちましょうね。こうした心配りの積み重ねによって、「運がいい人」として成功者にもなり、幸せな出会いにも恵まれるようになるのですから。これも、あなたの人生を輝かせる知性として覚えておいてください。

## 「一日一善」という善行をしよう

あなたは「一日一善」というスローガンを聞いたことがありますか？　この「一日一善」とは、「世のため、人のため」に「一日一善」という精神を持って生きていきましょうという意味です。

もし、あなたが、この「一日一善」を実践し始めたら何が起きて、あなたはどう変わるでしょうか？

例えば、あなたが毎朝起きて、「今日も一日一つでもいいから、世のため、人のために良いことをしよう、助けよう」と考えて、出かけます。

さっそく、あなたの目の前に1歳くらいの女の子がお母さんを探して、泣いていました。さて、あなたはどうしますか？

おそらく、一緒になって、お母さんを探してあげるのではないでしょうか？　警察に連れて行ってあげたりするなど、思いつく限りの方法を考えて行動しますよね。そんなとき、あなたは「泣きたいのは私のほうだ！　私を助けてくれ」などとは思わないですよね。

まずは、無心に目の前にいる小さな女の子を助けるのではないでしょうか。

では、こんな場面ではいかがでしょうか？

自宅を出てしばらくすると、交差点で目も足も不自由な高齢者の方が横断歩道を渡っています。しかも、すでに横断歩道は赤になり、数秒後に信号が変わるのは間違いなく、非常に危険な状態です。

さて、あなたはどうしますか？

たとえ、あなたが勉強や仕事などに打ち込みすぎて、疲れていたとしても。

たとえ、あなたが度重なるトラブル続きで、うつになりかかっていたとしても。

たとえ、あなたが人間関係に悩み、人間嫌いになりかけていたとしても。

この危険な高齢者を目の前にしたら、「助けなければ！」という感情が湧き上がってきませんか？　そして助けに行きますよね。

なぜ、「助けたい！」という感情が生まれるのでしょうか？

なぜ、「助けよう！」との行動を起こすのでしょうか？

私たちは、親や先生や先輩など多くの方々から**「人間としてあるべき姿」**を学んできました。

いわば**人生のレッスン**です。

身近な方々だけではなく、私たちは書籍やメディアなどを通じて偉人たちや成功者たちからも多くの人生のレッスンを受けています。さらには自分の失敗した体験などからも、さまざまな「気づき」を得て、学び取って生きています。

数々の学びをしてきたからこそ、**最も尊いことが「世のため、人のため」に行動する（助ける、救う）ということ**を知っています。

だからこそ、自分が「誰かの役に立つ」ことこそが、自分の存在意義であり、価値であると知っています。これを生き甲斐とする人生を大きな目標にしている人ほど、成功者になり、幸せでいられ続けるのです。

なぜならば、「誰かの役に立つ」ことを、自分の最も大きな夢にしている方は、より多くの人たちから「ありがとう！」と言われ続けます。これってステキですよね！

「ありがとう！（有り難う）」

そう言われ続けると、もっと多くの良いことをしたくなるのが人情です。この善循環に入るのが、この「**人を救う**」という善行の効果なのです。自分の持つエネルギー（元気の源）を出し続けることで、そのエネルギーは多くの人のエネルギーとかけ算してより大きくなって、あなたの元へ戻ってくるのです。

これが、まさに元気でいられ続けるコツなのです。

あなたもぜひ、手始めに「一日一善」というスローガンを毎朝唱え、小さなことでいいので、何か良いことをしませんか？

本章の

## 結　論

**成功するには、愛のレベルを広げて救済し続けることであり、ご縁に感謝することです。**

# 第4章

# 成功には信と和が必要

# 本物の資本主義が求めているのは愛

前章で、成功して持続的な幸福を得るには、愛のレベルを広げて人々を救済し、いただいたさまざまな「ご縁」に感謝することを忘れてはいけないと述べました。

本章では、「帝王學」をさらに深め、救済の基本となる〈信〉と〈和〉について紹介していきたいと思います。

## Q25

思考力測定問題 ⬇ 成功への近道

## なぜ、商売には欲望より愛が重要なのでしょうか？

「帝王學」は、より多くの人々を救済する學問です。経済的に救済する最たるものが、雇用及び給与を払うことですが、そのためには商売が成り立ち、お店や会社が繁栄し続けなければなりません。

では、なぜ、その商売には愛が必要なのか？　理由を考えてみてください。

『資本論』で著名なカール・マルクスはすでに150年前、**「欲望からできている資本主義は必ず自滅する」**と看破しています。

確かに、リーマン・ショックなどにより資本主義の崩壊が議論され、欧米型の資本主義には限界が指摘されています。

しかし、資本主義は本当に終焉を迎えるのでしょうか。

「帝王學」の講座において、私はこう教えています。

「**欲望からではなく、愛からできている資本主義**が必要とされる時代に入りました。それこそが、**日本の武士道**からできている**資本主義**なのです。かつて、ドラッカーが研究し、賞賛した渋沢栄一らによる日本型資本主義（戦前のもの）がこれからの世界を牽引する時代に入ったのです」

あなたは、**「愛からできている資本主義」**とはどんなものか、分かりますか？

簡潔に、具体例を挙げて説明します。

日本の資本主義には、大きく分けて３つの系統があるそうです。

まず１つに、坂本龍馬や岩崎弥太郎のような武士たちによる、強くて勇気のある大きな愛に包まれた資本主義。

２つ目が、ドラッカーが関心を持ち研究した渋沢栄一らが行った〈信〉をベースにし、〈和〉を尊ぶ、大きな愛に溢れた資本主義。これは雇用が重視されます。

３つ目が、商人が道徳からつくった資本主義。三越や松坂屋、髙島屋などがこれに当たり、２００年以上続いています。

こうした日本の考え方が、かつて世界を驚嘆させ、同時に脅威として見られたと言われています。

このような「愛からできている資本主義」があるがゆえに、日本には２００年以上も続く会社が約４０００社、１００年経営の会社は約３万社も存在するのです。

残念ながら、この考え方による資本主義はアメリカを含め世界にはありません。いや、戦後の日本では、「帝王學」のエッセンスが抜かれてしまったため、**「愛からできている資本主義」が欠落しています。**

現代の日本の資本主義は西欧かぶれの資本主義になってきたがゆえに、先行きに危険性があるのです。

だから、この局面を乗り越えるために、今こそ渋沢栄一らが確立した「愛からできている資本主義」を取り戻すことが重要なのではないでしょうか。

## Q 26

思考力測定問題 ➡ 成功への近道

### 江戸時代の身分制度で、商人はなぜ、最下層なのでしょうか？

さて、これも高度な問題です。まさに、現在の経営者にも考えていただきたい深い質問であり、人間の本質を考える問題です。

あなたにはぜひ、成功して幸せになっていただきたいので、真剣に考えて、書いてみてください。

小学生の頃、社会の時間に「士農工商」という江戸時代の身分制度を学びました。そのとき、「なぜこのような身分制度があり、こうした順番になったのか」と、先生に聞いた方はいますか？

ここでは、この「士農工商」が成立した背景をもとに、いかに**「心（愛）のレベル」**に応じて社会的にも信頼され、天に愛される生き方をすることが素晴らしいのか？——そのことを考えていきたいと思います。

# 目先の損得より善悪の判断で愛のレベルを上げる

「武士に二言は無い」という言葉を聞いたことがありますよね？

この言葉の重みを、昔の商人は知りません。昔の商人は教養もなく、自分の利益ばかりを考えて、人を騙し、嘘をつき、悪口を言うので、身分が低かったそうです。

武士は、刀を持っているから偉いのではないように、商人は、金を持っているから偉いわけではありません。人格の高潔さは、物や金のあるなしとは関係がありません。しかし、物や金は身分相応というモラルを狂わせて、破格、すなわち分不相応という勘違いをさせます。

今でも、商人のなかには私利私欲で生まれた成金が多くいます。金がすべてと思い込んでいる経営者が多く、軽薄な時代に迎合して、社会を混乱させる企業犯罪に歯止めがかからないのが現状です。

そうした背景があるため、今なお商売人という言葉には、どこかお金の損得で考える賤しい人というイメージが残っており、なかなか人格者とは思われない傾向があります。

**人格**の格は、木の枝が日進月歩の勢いで伸び進んでいく意味で、人間性を究める真摯な姿勢をいいます。インド、中国、日本で伝承されてきた**身分**とは、生まれや財力のあるなしではなく、**心（≒愛）の大きさと智慧の高さに比例**して順位が定められているのです。

**どれだけ多くの人々を自らの愛で魅了し、自らの言動で救済ができるのか**——という意味です。

この救済するレベルは最も小さな単位である個人からスタートして、家庭や地域、会社へと愛の大きさを高め、最終的には国家や地球レベルにまでいくことが愛の成長段階となっていると、私たちは「帝王學」から学びました。

あなたの**愛のレベル**はいかがでしょうか？　大きいですか？　小さいですか？

自分だけを愛するレベル、自我、自利のレベルから進んで、家族を愛するレベルにまで進んでいる方は、ぜひ友人や他人までをも愛して救済するレベル（会社の経営者やボランティアで多くの人たちを支援する人など）にまで挑戦してください。

そのためには、どんな言葉を使うのか、どのような表現をするのか？——という**口の利き方**がポイントとなります。

## なぜ、口の使い方に気をつけるのか

あなたはこれまでに、口の利き方で友達を失ったり、お客様に迷惑をかけたりした経験はありませんか？

おそらく、誰でも一度や二度はあると思います。それほど、口の利き方は重要であるにもかかわらず、訓練する場所はありません。

ご存知のように、**すべての人間の活動を阻害するのが「口の災」**（現代はメールやＳＮＳでの発言も含む）です。だからこそ、日本経済の基盤を築いた偉大なる創業者（政治家や経営者などのリーダーたち）らは、言葉の使い方にかなり注意を払っていたのです。

世界のどんな宗教の教えでも、口に対する戒律が厳しい理由は、宇宙創世の**「はじめにロゴスありき」**で、言葉には核エネルギーと同様の力があるからなのです。

ロゴスとは、神が定めた世界の神的な論理というニュアンスで、ギリシア時代の哲学者・ヘラクレイトスが表現した真理です。

つまり、**「言葉一つで世界を創ることも、壊すこともできる」**からです。それほど、言葉というのは重要なのです。

仏教では、あらゆる戒律を集約した『**十善戒**』という経典において、10のうち4つが口の災いに関する戒律です。不妄語、つまり嘘、不悪口、つまり非難、不両舌、つまり二枚舌、不綺語、つまり過ぎた世辞の4つは、不殺生、つまり殺人と同罪だそうです。

一般には「見ざる、聞かざる、言わざる」と注意をしてくれています。口が災いの元となっている人は習い性となり、直すことが難しいので、他人の欠点を見聞きしなければ、悪口を言わずにすみ、罪を免れるから、という教えなのです。

## 実業家とはどんな存在なのか

そろそろ、なぜ商人の階級が最下位であったのか、気づきましたか？

嘘をつく商人は最下位ですが、世の中を良くする商人は「実業家」という地位の表現となり、僧侶や公家よりも地位が高いのです。

この「実業家」という地位を築いてくれたのが、あの日本資本主義の父とされる渋沢栄一です。彼は、高いモラルと見識の向上により、近代的産業社会の担い手を育成するために『道徳経済合一説』を説き、商人ではなく「実業家」という新しい身分を確立したのです。

それを、ドラッカーが知り、わざわざ日本まで来て、「日本の道徳を持った経済人こそが、今後の世界を変える！」と自身の著書の中で語り、アメリカの起業家にも知れ渡ることになったのです。

渋沢栄一らのように、時代を切り拓き、世界を変える実業家たちは、「伝統的身分制度」において僧侶よりも地位が高いとされているのです。

ここでいう「実業家」とは、**先見の明と経験智を併せ持ち、歴史を動かし、時代を変革できる人物を見極めて、損得の如何にかかわらず支援し、援助する陰徳の持ち主**のことです。今どきの、時の権力者と結びついて利権を得る、悪徳商人とは異なります。

実業家を目指す人に対して、渋沢栄一は**「道義を守り国家の発展に寄与する『国士』たれ！」**と言います。

ここで、歴史の端境期に、新たな時代を担う聖人を陰で支えた国士を列挙します。インドでお釈迦様に学園（祇園精舎）を寄贈したスダッタ長者、中世を切り拓く源義経をサポートした金売吉次、近世を切り拓く織田信長をサポートした堺の納屋衆、近代をつくり上げる薩長連合と龍馬をサポートしたグラバー氏などです。

**実業家の資質**は、個人の経歴や人脈、識見やビジョンも大切ですが、何よりも重要なのが**社**

**会から信用される「人格」**なのです。

「帝王學」という學問は、そんな実業家を目指す人々に向けた學問です。

これは、まさに世の中を救うリーダーを育成したいという「帝王學」の継承者たちの念いからスタートしているのです。

**【伝統的身分制度】**

①僧侶（バラモン）：真理の探究により自然法則と人間の規範を定める。立法の働き。

②公家（皇）：文化や礼節、モラルをはじめとして天下公《おおやけ》の仕事を司る。司法の働き。

③武士：法の下に国家、国民の安全と秩序を護る。行政の働き。

④農業：食生活の基盤を確立して社会の安定に貢献する。

⑤工業：技術の進歩により社会の発展に貢献する。

⑥商業：商業活動を通じて社会の繁栄に貢献する。

Q27

思考力測定問題 ⬇ 成功への近道

# 信用は、どうしたら得られると思いますか？

さて、これも高度な問題です。信用とは築き上げるのは並大抵の努力ではできませんが、失うのは一瞬というほどもろいものです。もし、あなたが経営者なら切実な問題です。経営者でなくても、社会で生きていく以上は非常に重要です。まさに、これぞ學問をいかに活かすか？

——という人間の本質を考える問題です。

あなたにはぜひ、成功して幸せになっていただきたいので、真剣に考え書いてみてください。

## 損得から善悪に変えると、信用が生まれる

「帝王學」では、漢字に込められた深いメッセージや意味を学び、感じることも実践的に行いますが、今回のテーマ**「損得」**にも深いメッセージがありますので、一緒に考えていきましょう。

「あー、損をした」とか、「これは得したなー」という発言は、日常生活でよく聞きます。「あの人だけ得をしてずるい」とか、「こんな価格で損をしてないか」など、とかく私たちは短い期間での判断、あるいは自分の経験で「損得」を考えてしまいがちですよね。

私はこれまで世界中で、無料セミナーを200回以上も開催していますので、「中野さん、無料セミナーばかり開催して、損していませんか?」と聞かれることがあります。

確かに、短期的な金銭面でいうと、間違いなく大赤字です! しかし、確実に「存在感」は高まっていますし、ファンになってくれる方も増えてきましたし、信用してくれて入塾される方も増えてきました(深く感謝しております)。

さて、日本には、古くから**「損して、得を取れ」**という名言があります。この名言の漢字を変えると、本質が見えてきますので、学びがありますよ。

まず、損得の「損」ではなく、存在感の**「存」**にすると、どうでしょう。

**「存して、得を取れ」**――つまり、存在感を高めれば、やがてファン（またはお客様）が増えて、得になりますよ、という教えではないでしょうか。

次に、損得の「得」ではなく、人間として尊い**「徳」**に変えて、「損して、**徳**を取れ」、つまり短期的には「損している」ように見えるけど、長期的に見ると、それは**「徳を積んでいる」**ということですね。人生では、よくあることです。

この2つを一緒に入れ替えると、**『存をして、徳を取れ！』**となります。「徳」を積んでいる存在こそ、人格者でしょうし、そんな人は周りから「信用（信頼）」されています。

**『徳』**を積むことで、私たちは人として格が上がる、つまり人格が高まるのです」

**あなたはこれまで　どれだけの「徳」を積んできましたか？**

まさか、目先の利益ばかりを追いかけていませんよね？　特に、経営者や個人事業主の方は「徳」を積み重ねるのが絶対条件ですし、その分「信用」が大きいのではないでしょうか？

「信」という漢字は、「人」が「言う」と書きます。「用」とは字のごとく「用いる」ですから、使い方です。これにより**「信用」とは口の利き方**を意味しています。

「信用」を得ようとした場合には、長期間かかりますが、失うのは一瞬です。特に、口の利き方の代表が「約束」ですので、「約束を破る」とすぐに信用をなくします。大企業の不祥事や産地の虚偽表示はまさに典型事例です。

誰もが、「信用」の価値は頭では分かっているけれど、実践し続けるのが難しいのが現状ですよね。だからこそ、「存をして、徳を取れ！」の如く、「徳」を積んでいる存在こそ、人格者となり、「信用（信頼）」が大きいのです。

## 経済活動の歴史は「信」の創造から始まった

有史以来、最初期の経済活動は紀元前二千数百年前、エーゲ海文明の**宗教家ヘルメス**に始まります。

当時、人々が産物を手に入れるには、物々交換か海賊行為しかありませんでした。交換する産物が秋まで収穫ができなければ、飢えて死を待つか、春に収穫がある村を襲うしかないのです。そうした状況の中で、宗教家ヘルメスは「貨幣」と「貿易」の制度をつくりました。これにより、時期が異なる収穫や産物ができる国同士が争わずして、共に繁栄することができる制度ができたのです。

しかし、当初、物々交換の経験しかない人々は、貨幣を見ても理解ができず、その**信頼性**に不安がありました。まだ銀行もない時代、貨幣に対する信頼性を確保するのは宗教家以外にはできません。ヘルメスの目的は、争わずして産物が手に入る生活の安定と同時に、人々に**「信じる力」**を養わせたかったのです。

例えば、教会内で、人々が互いに信じ合うことはたやすくできますよね。それは利害関係が生じないからです。

しかし、教会の外に出て、敵対関係や利害関係となった場合において、本当に相手を信じられるのか。しかも商業の場合、対価が得られて、取引相手や貨幣に対する信用が立証されるには、数ヵ月から数年に及ぶことがあります。

信は、ニンベンに言と書きます。人の言葉を信じられるか否か。人の心を強化するのに、経済というフィールドは最適だったのでしょう。

日本語では「信じる者」という言葉が、宗教では「信者」として、商業では「儲かる」として使用されるようになったのも、今述べたのと同じ趣旨によるものです。

仏教の修行にある『八正道』の中心の命題が、正業（しごと）とされる古くからの名残です。

**「商業の徳義で、もっとも重要なるは信である」**

これは、渋沢栄一が『論語と算盤』の中で述べた、道理ある希望を持てと諭した名言です。

## 人の言葉と信じる力

本来、「言葉」は神との対話、神と優れた聖賢の間に交わされる「聖語」にルーツを発します。「真言」や「言霊《ことだま》」と呼び、「ロゴス」と尊称します。それがエジプト、ギリシャ、ローマ、インド、中国、日本など世界中、由緒ある国々の歴史が「神話」から始まっている理由です。

時代が下り、人と人との会話に使用されるようになっても、特別の規定に応じてのみ許されました。

「言論の自由」とは、「信仰告白の自由」を確保するためにできた制度で、無神論者や人間性を究めてない人が、勝手なことを言うためにあるのではないのです。

経済を通して、人は『徳』を得るか『金』を得るか」――前者を成仏、すなわち**覚者（人格者）**といい、後者を成金といいます。両者を人格や運命で比べると雲泥の差になります。

宗教も哲学も信仰もすべて目に見えない世界を探究するので、形而上学といいます。景気という言葉はありますが、景金という言葉はありません。**「気の學問」**とは、「気は心」、十人十色、千差万別の心の探究をすることです。

人のニーズや時代のトレンドで空気を読み、消費マインド、経営者の理念などを把握することですが、すべて目には見えない精神活動なのです。

世界を見渡すと、今政治、経済の分野では数百年に一度の大転換が起きています。例えば、英国のEU離脱、中国が仕掛ける国際金融機関AIIB、世界が恐れるIS問題、トランプ大統領による大胆な各種の政策などなど。

グローバリズムか？　ナショナリズムか？——などの大きなテーマを含め、これまでの理論が役に立たない**「断絶の時代」**のなかで、時代が要請するリーダーは**ソクラテス、すなわち哲学道徳を究めた人格者**でなければならないのです。

すなわち、**グローバルな視野と人と自然に優しい本物の実業家**です。

Q 28

直感力測定問題 ⬇ 成功への近道

## 銀座三越の屋上に、なぜ神社があると思いますか？

これまで200年以上も栄えてきた有名デパートには、なぜ神社があるのでしょうか？　例えば、新宿伊勢丹の朝日弁才天様、日本橋の老舗百貨店・高島屋には七角形のお社に七福神様がすべてそろっています。

これも高度な問題ですが、ぜひ考えてみてください。

問題の銀座三越の屋上には、三囲神社があります。三囲神社とは、三井家の「井」を囲んで守っているというように見えるので、三井家の守り神にしたのだそうです。

銀座三越には、さらに銀座出世地蔵尊が安置されています。銀座出世地蔵尊である地蔵菩薩は、「釈迦の入滅後、弥勒仏が出現するまでの無仏の世において、六道に苦しむ衆生を救済する菩薩」と位置付けられています。それゆえに、その多くが石仏として路傍に建立され、最も身近な仏として認知されてきました。

また、延命・親子・とげぬき地蔵など、その名称には利益・像容・地名などから付けられたものが多く、信仰の対象として造像されてきた仏のなかで群を抜いて多い存在です。三越銀座店屋上の地蔵堂に安置されている出世地蔵は、明治初年頃から銀座の地で祀られ、信仰されてきた石造の地蔵菩薩立像です。

ちなみに、私もここ銀座三越の神社に寄付したので、中野博のネームプレートが小さく飾られています。

## 優れた経営者は必ず「信仰心」を持っている

「私は仏教徒です。私の哲学は、今、幸せでいることです。幸福とは選択であり、私たちが内側に持っているもので決まります。私たちが外側で所有しているものではありません。私たちがたくさんものを保有していることや、何も持っていないことでもありません。持っているものだけで幸福になれます」

これは、アメリカの経済界の最前線で活躍しているエグゼクティブコーチであるマーシャル・ゴールドスミス（GMなど巨大企業を指導した経験を持つ）が、開口一番、「仏教徒」と名乗って大実業家を指導していたときの言葉です。

この言葉に、戦後、占領教育で信仰が異端視される日本との違いを、あからさまに見ることができます。

教会が中心となって創設されているアメリカの私学における教育は、信仰心と信教告白の自由に誇りを持っているのです。

アメリカ大統領就任の際も、必ず大統領も副大統領も神に誓いを立て、信仰心を全世界に表しています。第45代アメリカ合衆国の大統領に就任したドナルド・トランプ氏も信仰心を明らかにし、**「神に愛される国づくりをしよう」**と訴えていました。

実は、アメリカの1ドル紙幣を含め、すべての紙幣には「IN GOD WE TRUST」と印刷されています。世界で№1のアメリカは信仰心と愛国心で成り立っていることを知っておきましょう。

世界で最も成功者の多いアメリカ。アメリカの成功者である実業家も当然、信仰心と愛国心で満ち溢れています。

例えば、スティーブ・ジョブズは10代から禅に学び、仏教を学んだことで有名ですが、こんな名言を残しています。

**「仏教には初心という言葉があるそうです。初心を持つということは素晴らしいことです」**

「初心忘るべからず」という禅語がありますが、まさにジョブズはこの言葉の実践者でした。彼の場合、単に「当初の心を忘れない」というだけではなく、慣れてしまわないこと、満足してしまわないこと、惰性で仕事をしないこと、といった心掛けを語っています。

成功して、幸せを目指すものにとって、常に創造、感謝、反省、救済への挑戦が大切であるということをうかがわせます。

そしてジョブズは、**禅の思考**を取り入れることによって、2つの効果を手に入れることができたと語っています。

**①捉えにくいものの声が聞こえるようになる**

**②直感が花開く**

iPhoneやMac Book Airなど数々の革新的な製品を世に送り出した**ジョブズは、瞑想によって心を整え、真実を観る目を養い、アイデアの源にアクセスしていた**のです。

この話は、全米の経営者だけではなく、多くのアメリカ市民に知れ渡り、今や瞑想が全米でブームとなっています。

なお、アメリカでは専門性が高いものを瞑想とかMEISOUなどといいますが、一般的には気軽なMINDFULNESSの方が広がっており、精神修養やアイデアを天から得るために積極的なのです。

かつて、日本では当たり前であったことが、今ではアメリカで当たり前になっている点が面白いですね。

集中力と創造性がものをいうIT業界には、禅の文化が驚くほど浸透しています。米国では社員のメンタルヘルスのために、禅室を設けている会社も少なくありません。

そもそも西海岸は、リベラルで斬新な気風で知られています。マイクロソフトやインテルをはじめ、現在でもフェイスブックやリンクトインなどのIT企業が西海岸で生まれ続けているのは偶然ではありません。土地柄というべきでしょうか、街には禅室を備えたホテルやマンションも多いのです。

## 霊的直観力を鍛えるアメリカのエリート

ハーバード大学やMITなどのエリート大学の学生が、京都の禅寺に学びの一環として100人規模で押し寄せているのをご存知ですか？

なぜ、アメリカの名門大学のビジネススクールで学ぶエリート学生たちが、京都の禅寺までわざわざ来るのかというと、**イノベーションに結びつく直感力の育成**だと考えられます。理論やテクニックはパソコンを通じ習得することができますが、坐禅や直感は実体験なしにはできません。

ジョブズと親交が深かった世界第二のソフトウェアの企業であるオラクルのCEO・ラリー・エリソンは、京都の豪邸を購入し、禅寺に通うといいます。

アップルとオラクル、さらにはグーグルなど世界の最先端をいく大企業が**禅の影響**を受けているのです。60年代や70年代に東洋の文化や禅を体験した当時の若者たちが、「帝王學」の一部である東洋思想を学び、禅を学び、実体験をする。その上で、世界を魅了する製品やサービスを生み出して、大成功を収めている――。

それを横目で羨ましがっている時代はそろそろ終わりにして、あなたがチャレンジしてみませんか?

20世紀最大の物理学者アインシュタインもこう言います

「現代科学に欠けているものを埋め合わせてくれるものがあるとすれば、それは仏教です。最も宇宙的宗教というのが強い、最も進んだ宗教が仏教なのです」

教育の源泉は**信仰心**にあります。

社会生活は、自分を信じる**「自信と勇気」**から始まります。

そして、人を信じ、良心を信じる**信念**へと成長します。


信じる行為、信頼関係が経済、共同生活の根幹であり、人の善なるものを信じることが、社会が幸福になる基盤です。

**真理を求める心が智慧となり、その力を使って人と社会を救済することを愛といいます。そして、愛と智慧を発揮して、みんなが幸福になることを「學問」といいます。**

## Q29

思考力測定問題 ➡ 成功への近道

## 長寿企業に共通する考え方や習慣を挙げてください。

ここでいう「長寿企業」とは、100年以上永続していると考えてください。

企業経営者にとっては、きわめて重要なテーマですので、ぜひ真剣に考えていただきたいと思います。

１００年以上も続く長寿企業となるために必要な習慣を聞いていますが、**大前提**があります。それが、**経営理念と柔軟な心を持った経営者、そして社員の和の力**です。

多くの長寿企業は、ビジネスを単なる金儲けの手段と捉えていません。社会的な意義を持つ行為だと考えているのです。これが基本で、自分（自社）がよければそれでいいという思想ではないのです。

例えば、有名な近江商人の心得として知られている「三方よし」とは、「売り手よし」「買い手よし」「世間よし」の3つの「よし」のことですが、これがまさに社会的意義を持つ行為だということです。つまり、**共存共栄**を追求しているのです。このような考え方が根底にあるので、社員を家族のように手厚く扱う長寿企業がとても多いのです。

さて、習慣については、ズバリ「神事」「祭事」「仏事」に非常に重きを置いていることです。先ほどの三越などの有名デパートもそうですが、長寿命企業は社長室はじめポイントとなる場所に神棚を祀っています。この理由は、天や自然をはじめ、人の力が及ばないものに対する畏怖《いふ》の念を強く持っているからなのです。

**最終目標を金儲けではなく社会貢献とすることと、「神事」「祭事」「仏事」を大切にすること**――この2つは、欧米企業や欧米かぶれしてしまった昨今の日本企業の経営理念・経営スタイルとは対極に位置するものかもしれません。しかし、これこそが長寿企業となるための必要最低条件であり、今後も変わることはありません。

なぜなら、度重なる自然災害や景気の変動、戦争やテロや人間の気持ちの変化、テクノロジーの進化など数多くの要因によって、会社は潰れるリスクにさらされ続けています。にもかかわらず、時を超えて経営ができる。つまり、成功し続けて、かつ幸せな人間関係、社会を築き上げることは並たいていの努力ではないからです。

日本には長寿命企業が本当に多いのですが、世界全体で見ると、創業から200年以上超えている企業は5598社あり、そのうちの実に半分以上の3443社は日本にあります。ちなみに、第2位が837社のドイツ、3位が222社のオランダ、4位が196社のフランスと続きます。創業200年を超えた会社の実に56%が、日本に集中しているのです。

処世術でお利口ぶっても、人間は想像以上に愚かです。国際紛争、環境汚染、資源の枯渇、人種差別、貧富の差など、その愚かさは他の動物に類例がありません。

西洋の英知ソクラテスの「無知の知」も、中国の聖者老子の「識る者は言わず、言う者は識らず」も、インドの叡智『般若心経』の「顛倒夢想《こんどうむそう》」も、みな人間は自分が考えている以上に馬鹿げたことをしているということを語っています。もし反論があれば、この三者を超えるだけの偉業を歴史に刻めばよいのです。

聖書に、「はじめにロゴスありき」とあります。このロゴスは、人という言葉の意味ではありません。最初に天上界（イデア・ロゴス）があり、後に人の世界ができたのです。

天上界を想起する観念（アイデア）により、神々の世界との垣根を乗り越えることができます。神と聖賢の会話を神話（ミュートス）と呼び、後に人々に伝える対話（ダイアログ）ができます。東洋の、天の啓示を受けて人々に伝える「天声人語」と同じプロセスです。

天上界（イデア）から送られている最上のメッセージは、この世的な意識から魂が解放されたときに受けることができます。ソクラテスの「汝自身を知れ」とは、人間がいかに、博識ぶっていても、何も知らないことを自覚することが学びの始まりだということを示唆しています。

実用的知識であるハウツーものや、欲望に奉仕する詭弁を使用する限り、いずれ信仰心を失い、人間関係を壊して社会生活ができなくなります。

「人々は現実世界でさまざまな対立差別をつくり出しているが、この小ざかしい知識分別を捨てよ」（荘子）

## Q30

思考力測定問題 ⬇ 成功への近道

# なぜ、今「日本の時代」なのか？

さて、最後の問題です。「未来の扉」を開けるため、ぜひ真剣に考えて、書いてみてください。

〔　　　　〕

## ジョブズはなぜ、日本で禅を学んだのか

スティーブ・ジョブズは世界的に革新的なイノベーションを起こし、音楽を聴くスタイル（iPodやiTunes）だけではなく、電話やパソコン（iPhone、iPad）なども含め、ビジネススタイルまで変えてしまいました。

**「すべてをシンプルに！　感性を豊かに！」**

これこそが、ジョブズが私たちに教えてくれたメッセージではないでしょうか？

かつて、パソコンや家電製品はどれも分厚い取り扱いマニュアルなどが付いており、それを読みながら、私たちは新しいパソコンや家電製品などを使い始めるのが常識でした。しかし、ジョブズが21世紀に送り出したiシリーズのiPod、iTunes、iPhone、iPadなどには何も付いておらず、感性で使いこなすしかありません。しかも、世界中でほとんどの者が使いこなしているのです。

つまり、私たち人間には独特の感性が備わっており、その感性に従えば、マニュアルはなくても、自由に操作ができることをジョブズが経営していたアップルの新しいiシリーズは教え

てくれたと思います。

ところで、スティーブ・ジョブズと禅には深い結びつきがあることをご存知でしょうか。彼は青年時代から禅と接し、曹洞宗の僧侶である乙川弘文老師に師事していたのです。

ジョブズは1972年に大学に入ると、東洋思想に傾倒し始め、特に學問的要素が強い仏教や禅に強い影響を受けたのです。

ジョブズ自身が語ったところによれば、「抽象的思考や論理的分析よりも直感的な理解や意識のほうが重要だと、このころに気づいたんだ」（ウォルター・アイザックソン『スティーブ・ジョブズⅠ』講談社）といいます。

当時のジョブズが感銘を受けた本の一冊に、曹洞宗の鈴木俊隆老師による『禅マインドビギナーズ・マインド』（サンガ新書）があります。平易な言葉で語りかけるように書かれた同書は、きわめて具体的で実践的な禅の入門書です。

鈴木師は、1959年に渡米してから71年に亡くなるまで、カリフォルニア州を拠点に禅の布教に尽力しました。67年にはアメリカ初の本格的な禅院である「タサハラ禅マウンテンセンター」を創設しています。このとき鈴木師が日本から呼び寄せた人物が、前出の乙川師でした（当時は養子先の知野姓を名乗っていたといいます）。

禅院の立ち上げを手伝ったあと、乙川師はいったん帰国しますが、カリフォルニア州ロスアルトス市の信徒たちから「地元の禅堂で指導してほしい」との嘆願書を受け、再び渡米。70年、同市の「俳句禅堂」の住職になると、ちょうど同じ町に実家のあったジョブズが俳句禅堂に出入りするようになったというのです。

すっかり禅に魅せられたジョブズは毎日のように乙川師のもとに通い、2〜3ヵ月に1回は禅堂に籠って瞑想する静修を行うなど、できるかぎり師と長い時間を過ごすようになったといいます。創業後、多忙をきわめるようになってからも、ことあるごとに教えを求める姿は変わらなかったようです。

ジョブズはインド哲学、中国の孔子や老子、日本などに伝わる密教にとても関心があり、密かに学んでいたことは有名です。現在建設中のアップルキャンパス2も、その教えを活かしているといわれます。

## ドラッカーが日本で渋沢栄一を研究した理由

スティーブ・ジョブズよりもはるか50年以上も前に日本を訪問して、もの凄い勢いで日本の哲学や文化などを貪欲に学び吸収して世界的な知の巨人になったドラッカー。なぜ、彼が日本に興味を持ち、訪れたのか？　彼はいったい何を学ぼうと時間をかけてきたのか、ご存知ですか？

答えは金剛組を筆頭に、日本には長命企業が数多くあったことと、偉大なる資本家がいたこ
とだったそうです。その資本家こそが、『論語と算盤』で有名な渋沢栄一という大実業家なの
です。渋沢栄一は資本主義の父と言われるだけあって、数多くの企業創立や再建に貢献したこ
とは有名ですよね。

この功績が高く評価されて、2024年には新一万円札の顔として、渋沢栄一が決定しまし
た。じつは、これまでも渋沢栄一は『近代の日本資本主義の父』として新紙幣の顔として候補
者にあがりましたが、先延ばしされてきた経緯があります。

それだけに、今回決定したことは、日本の財界だけではなく『帝王學』を本格的に学んでい
る全国の塾生や卒業生にとっても誇りといえる話ですし、本書が出版された2017年時点で
渋沢栄一を紹介したことは、著者としても感無量です（2020年7月、第3刷時点での追
記）。

日本には江戸末期、明治時代に渋沢栄一のような、武士道、葉隠れ精神、道徳と経済の融合
など素敵な経営の実践者がいたのです。研究熱心で情報網を世界に張り巡らせていたドラッカ
ーは、渋沢栄一の偉業と背景、理由や哲学を学ぶために来日したのです。

凄いと思いませんか？

日本には渋沢栄一のように卓越した経営者が「道徳と経済」を実践していたからこそ、ドラッカーが興味を持ち、日本を訪問したのです。

さて、そこでドラッカーがさらに驚いたことがありました。それは100年以上も長く続いている会社が2万社以上（当時）もあったことです。

日本は世界に類例のない資本主義をやっているのです。もちろん、これは西洋の資本主義ではありません。日本的資本主義には、武士道が入っているのです。自分の腹を切るほどの責任感というのはその当時、世界に類例がないと、あのドラッカーは自著に記しています。

## 人の和こそ、日本が誇る成功法則

「和を以《もっ》て貴《とうと》しと為《な》す」

**人の和**は、聖徳太子が日本建国の理念とした大きな命題です。

新約聖書にも、「柔和なるものは地を受けつぐであろう」と書かれている重要な理念です。

営々と築いた人間関係や社会も、**「和」**がなければ成立しません。なぜならば、不和から不信が生じ、悪事がはびこり、家庭も社会秩序も壊されるからです。
いつの時代でも、国家を滅ぼすのは外敵ではなく、獅子身中の虫です。国が滅びるのに兵器は必要ありません。自らの心を統御できなければ、不和により自動的に内部崩壊をしていきます。

小さくは家庭が壊れるのも同じ理由です。家庭の家も国家の家も同義ですから、その栄枯盛衰には同じ法則が働いています。

**人の和**とは人間関係の問題です。経営者と従業員、関連業者、消費者などとの気を合わせる意味で合気道といいます。社会生活では意気投合、和気あいあい、調和や融和が繁栄発展のための大きなテーマになります。

聖徳太子がつくった十七条憲法の第10条には、次のように日本の美しき精神が謳われています。

「他人が自分と違うことを怒ってはならない。人はみな思うところがある。自分は必ずしも聖人ではなく、他人は必ずしも愚者でない。共に凡夫にすぎない。……他人が自分に対して怒ることがあっても、むしろ自分に過失がなかったか反省せよ。また自分の考えが正しいと思っても、多くの人々の意見を尊重して同じように行動せよ」

この精神は、自らを反省し、他人を理解することにより、究極の心の安らぎと社会の平和を

和を以て貴しと為す
和

実現しようとする誠意で貫かれています。

**「立ち向かう人の心は鏡なり」**という真理を具現化して、人生のすべての出会いから謙虚に学び、人格の向上と社会の発展に貢献することの大切さが説かれています。

無私奉公の精神順天**「天意に従う」**とは、利他の念いでの**「愛の実践」**です。人を優先する「お先にどうぞ」の精神です。天が気に入る自然体な生き方は、人為的な作意がなく無邪気な天真爛漫さです。

これに反するものが我見と我欲で、我見は自己中心、我欲は私利私欲で調和を乱すことです。人生の災いのすべてが自己中心と、それから生じる不和、不信、悪事です。

先天的な才力の育成は、これまで宗教や道徳、家庭の情操教育が担い、後天的な能力の育成は、学校教育や社会教育が担っていました。しかし、現在は先天的な才力を開発するシステムが失われたため、「頭の良い人」はいますが**「心の良い人」**は少なくなってしまいました。

日本は、西洋化で大切なものを失いました。**「滅私奉公の精神」**という利己主義を離れて公共の幸せに貢献する念いをなくしてしまったのです。自己中心の発想で人や社会の発展に尽くす考えを失ったのです。知識の質が悪く、好き嫌いの判断はできるのですが、正邪の判断が難しいのです。

# 日本を深く学び、誇りを持って生きよう

先ほど、聖徳太子の十七条憲法について触れました。

その第1条に「和を以て貴し」という言葉が出てきます。「これを知らないと日本人じゃない」と、あえて言わせていただきます。

この第1条の詳細をご存知ですか？　紹介します。

「一に曰く、和を以て貴しと為し、忤《さから》うこと無きを宗とせよ。人皆党有り、また達《さと》れる者は少なし。或いは君父に順ず、乍隣里《またりんり》に違《たが》う。然れども、上和《かみやわら》ぎ下睦《しもむつ》びて、事を論《あげつら》うに諧《かな》うときは、すなわち事理おのずから通ず。何事か成らざらん」

せっかくなので、重要な第2条も紹介しましょう。日本人は信仰心がないとか、無宗教だとうそぶく方がいますが、それは違います。日本人は古来信仰心が厚く、神仏を敬う民族だったのです。第2条のこの「あつく三宝を敬え」は聞き覚えありますよね？

「二に曰く、篤く三宝を敬へ。三宝とは仏・法・僧なり。則ち四生の終帰、万国の禁宗なり。はなはだ悪しきもの少なし。よく教えうるをもって従う。それ三宝に帰りまつらずば、何をも

ってか柱かる直さん」

「帝王學」を先に学んだ先輩は、私たちにズバリこう言いました。

「戦後、日本で生まれた人はたくさんいますけど、本当の意味での日本人は、もはやこの日本にはほとんどいません。しかし、アメリカにいる日系人、特に442部隊などで活躍した方々こそが日本人と言えます。武士道も道徳も入っていますから。その本来の日本人に感動してトム・クルーズは『ラスト・サムライ』という映画をつくりました。あれは、西南戦争での西郷隆盛がモチーフになっています」

もう一度言います。

今の日本には「本当の日本人はいない！」と。

## 「和魂洋才」の時代が来る！

こんな時代だからこそ、私たち「信和義塾大學校」は真の世界平和実現のためにも、真の幸せな国づくりのためにも、**〈和魂洋才〉**が必要なのではないか、と考えています。〈和魂洋才〉を発揮して、日本が世界を「文化的に牽引する時代」がやってくる――。

では、なぜ私がそう考えるのか？　その理由を紹介しましょう。

まず、文明史観からいうと、遠くエジプト・ギリシャを源流として、ローマ・スペイン・英国・アメリカと西周りに発展してきた西洋文明と、インド・中国を源流として、東周りに発展してきた東洋文明との合流点、それがまさに日本です。したがって、今後、西洋と東洋の二大文明を融合させた、新たな人類の指針となる理想の文明を築いていくことこそが、私たち日本人の存在理由の一つとなると確信するからです。


東洋の精神（和魂）である人々と自然の調和を図り、すべてのものが共存共栄できる慈しみの世界を実現し、他方では、西洋的な技術や人材の育成（洋才）によって、創造性を開発し技術の進歩と社会の発展を実現する――。これを要約すると、人間の心に秘められた愛と創造性が、未来のユートピアの扉を開く鍵であるということを意味しているのです。

これが、まさに〈和魂洋才〉です。この愛と智慧に満ちた理想のユートピア世界を実現するために、世界規模の新たな教育システムを築きあげていく。それが「信和義塾大學校の理想」でもあるのです。

この考えのヒントになっているのが、著名な社会学者エズラ・F・ボーゲルの思想です。彼は80年代に、これまで述べてきたことを予言したかのような書籍『ジャパン・アズ・ナンバーワン』を出版、日本は同書に書かれていることを現実のものとして、世界から再び脚光を浴びたのです。

その後、日本はバブル崩壊で経済的に衰退したかのように、国内では思われていますが、世界の見方は違います。世界は、経済的大国という断片的な視点だけで、日本を評価してはいません。実は、文化的な大国という評価が高まっているのです。それを支えているのが、漫画やアニメです。このテーマは面白すぎるので、次回作で発表しますね。

いずれにせよ、漫画やアニメで育ってきた子供たちが今や青年期を迎えていますので、日本に対する憧れを抱く人々が世界中で爆発的に増えていることだけは間違いありません。これぞ、**〈時が来ている！〉**ということです。

思い出していただきたいのですが、20世紀の世界を彩り、導いたのは日本人の創作文化でした。かつて世界の人種差別を撤廃し、主にアジア地域での植民地を解放したように、今後も日本は衣食住、医療、科学、経済などから芸術、芸能、映画、アニメ、伝統文化などまで含め、世界へドンドン進出し、人類の文明を一新する時代に入っているのです。

文明史観的にも、日本は新しい時代にふさわしい世界の牽引役としての使命を担っています。これまでの歴史上、多くの文明国家がその使命として交互に実現してきた「新たな文明を創造し、世界を発展させていく」という重要な役割を、今度は日本が果たす時が来ました。

2020年~30年の「黄金の時代」を担う日本人に、今こそ、天が応援しているのです。これまで、世界に貢献し、世界の人々を救ってきた日本人に天が多くのご縁と運を与えているのです。

だからこそ、あなたが日本人であるならば、あなたは、今一度日本のことを学び直して、日本の誇りと気高い精神を再現してみませんか?

この本をここまで読んでくれた、まさにあなたこそが、日本人としての気概を取り戻すことが、時代の要請なのです。

今は、奇跡に満ちた歴史と文化が生かされる時代です。世の中を変える力で最強のものが、〈愛〉と〈智慧〉と〈勇気〉なのです。長き伝統でいうならば、〈大和魂〉〈武士道〉〈道徳〉、ひと言でいうならば〈和魂〉です。

どうか、心して人類のひのき舞台、21世紀日本で自らの人生を開花させてください。

最後に、「帝王學」を先に学んだ先輩は、こう締め括ります。

「これからの主要産業は『心』を扱うものとなります。『心の教育』こそが、これからの最大の産業になります。今の日本の教育は西洋式の頭の教育。しかし、ハーバード大学など全米のトップスクールではすでに、教育の方向性を変え始めています。日本は東洋の魂と哲学に加え、西洋の近代教育もうまく使いこなしてきました。つまり**〈和魂洋才〉**を使える民族なのに、気がついている人があまりにも少ない。『帝王學』を学ぶあなたたちが率先して〈和魂洋才〉を入れた教育をしなさい！」

ここでいう「心の教育」は、東洋思想、インド哲学、中国の哲学、神道、武士道などを入れた道徳がポイントです。

日本人は飛鳥の時代から、唐の国をはじめ海外に若者を留学生として送り出し、心の教育を含め、世界から学び、自国の発展をさせてきました。東洋の哲学・思想を深く学んだ日本人は、聖徳太子の十七条憲法にある「和を以て貴し」にある通り、「和」の心を磨き「和」を持った社会体系を目指すようにしてきました。

これが、長い年月をかけて〈和魂〉となったのです。

日本人は、西洋的な近代学問や思想を器用に取り入れ、西洋生まれの宗教的習慣や風習でさえも文化に取り込んできました。実に自在性に富み、それ故、高い技術もものにすることができました。

東洋と西洋のすべての文明を取り入れる器用な心の持ち主、それが日本人なのです。

だからこそ、「心の時代」を迎えようとしている今、〈和魂洋才〉を持った日本人は広く世界で活躍すべきなのです。

私たち「信和義塾大學校」は、この教えを素直に学び、実践して、次代へバトンを渡すことを目的として、1000年持続の大學校としてスタートしたばかりです。私たちがモットーとする**「學問とは自由への翼であり、未来の扉」**は、こうした先人たちの智慧の結晶なのです。

本章の

## 結論

**成功者とは、〈信〉と〈和〉を持って、人々を救う人である。そんな人を天は応援する。**

# おわりに

## ■今の日本人は、何を失ったのか？

本文で紹介した問題の数々は、「信和義塾大學校」では塾生全員が考えて、発表するものばかりです。いかがでしたか？　簡単そうですが、意外と難しかったのではないでしょうか。

実は今回、本書で紹介した問題は小学生から大人まで同じ問題であり、すべて自分の意見として、人に分かりやすく伝えるトレーニングとしても行っています。

「信和義塾大學校」は、いわゆる〈和魂洋才〉を重視しています。學問ですから、世界中の叡智を学ぶ必要があり、しかも現在進行中のものも含めて貪欲に学んでいただきます。それは発表の仕方や議論の仕方もです。いかに、聞く人を惹きつけて、分かりやすく楽しく話ができるか？　自分の念いを伝えて、人を動かせるか？

この点、ＴＥＤを見れば、一目瞭然ですし、アメリカ人のプレゼンやスピーチが世界に通じるのは、幼稚園時代から鍛えられているからです。

さらに、議論についても、感情丸出しだけではなく、一定のルールに基づき、自論を展開したり、公開したりするのが本来の目的。しかし、今の日本の国会を見ますと、まるで野蛮人のケンカのようです。国の最高レベルの国会ですから、国民のために真剣、かつ冷静さを保ち、素晴らしい議論を見せてほしいものですね。

国会議員にせよ、地方議員にせよ、あまりにもプレゼンテーションが下手ですし、議論ができていません。

少なくとも、議員になろうとしている方ですから、日本国憲法だけではなく、各種の法律も理解されていると思います。だとしたら、知っているのに、法律に違反していることになります（仮に知らないなら、不作為犯で同罪ですが）。

例えば、国会議員は、日本国家の公僕、つまり私たち日本国民のために真剣に働かなければならないのです。地方であれば、地方自治のために。こんなことは日本国憲法を読めば全部書いてあります。

同じ現象としては、若い世代の公務員人気にも疑問を感じています。公務員とは、国民や市民のために死ぬほど働かなければいけない存在なのですが、公務員志望者に動機を聞くと、「安定しているし、仕事が楽だから」などと語るのです。

しっかりと理解してから、就職してほしいですよね。日本国憲法第15条2項で、こう決められているんですよ。

「すべて公務員は、全体の奉仕者であって、一部の奉仕者ではない」

公務員になるということは、自分だけ、自分の地域だけなどとするさもしい考え方ではいけないのです。

いかがでしょうか？　おそらく、あなたが経営者であれば、１００％理解できるはずですし、あなたが成功者であればなおさら同感ではないでしょうか？

つまり、公務員もそうですが、とりわけ選挙で選ばれた議員であれば、もっと勉強して欲しいですし、些末な情報で意見を左右されて欲しくないと思います。


そもそも、自分で商売の難しさ、つまりお金をお客様からいただき続けることの有り難さや難しさを肌で学んでいない人が、国や地方の経営をできるとは思えないのです。

アメリカの第45代大統領に選ばれたドナルド・トランプがなぜアメリカの国民に人気があるのか？　そもそも、アメリカ国民はなぜ、アメリカ大統領に彼を選んだのか？　その最大の答えは、「彼が一流の経営者であること」だと、世論調査に出ています。

日本人もこの結果を受けて、目が覚めるといいのですが。つまり、家庭も会社も経営が必要ですし、ましてや国家になれば、卓越した国際感覚に溢れた経営陣がいなければ滅びるでしょう。

日本人が見失った本来の精神、大和魂、武士道、仁義道徳、栄光の歴史と民族の誇りを再興するために、それぞれの持ち場で素晴らしい仕事をしていく方を増やす必要があるのです。

## ■學問で日本を救うという夢があってもいい

「信和義塾大學校」を設立した理由は、今の日本人を目覚めさせ、日本を本気で救う人々を一人でも多く育成することにあります。世界は、日本の自動車や家電などの工業製品ばかりでなく、寿司に日本酒、ポケモン、キティちゃん、アニメに漫画など、広く日本文化までも求めています。

この点において、勇気とやる気さえあれば、日本人が世界へ出ていきやすい時代なのです。しかし、知識偏重型の偏差値教育に毒され、詰め込み型の教育を受けてしまった学校だけのエリートが多くなり、勇気と夢や希望に満ち溢れた若者が大幅に減りました。さらに驚いたことに、こうした学校のみエリートは精神的にもろい人が多いのか、うつ病、引きこもり、対人恐怖症などに陥る人も増えています。

これでは、国力がダウンし続けてしまいます。

だからこそ、成功者はこうした事実にも気を配りながら、いかに日本人を救うか？　日本をより素敵な国にするにはどうしたらいいのか？――と、具体的に行動しなければならないのです。

その一つが教育であり、ベースとなるのが學問なのです。私たち経営者仲間は、未来の大切な人材づくりのためにも、本気で教育事業に乗り出しています。

「信和義塾大學校」の教えの根本は、〈和魂洋才〉です。人前の発表は毎回ありますし、議論も行います。議論をするためには、知識も必要です。

そのために、宿題もかなりありますが、こうした積み重ねによって、入塾後1年もすれば見違えるように塾生は成長します。

ですから、体験入学や見学された方がかなり驚かれます。それも無理ないですよね。例えば、高校生が自分の夢だけではなく、「日本をもっと素敵にするには、あなたはどんな政策をとるか？」について、自分の頭で考えてきた意見を堂々と発表するのですからね。

人生とは學問の質と量で変わることは明らかですし、學問を避けて、頭も心も鍛えずに、安穏と暮らしている先には、未来がありません。

すでに出現しているパソコンを含めたＩＴ関連ツールに加えて、ＡＩ（人工知能）が搭載された便利な道具の数々は、學問から逃げてきた人たちの職を奪います。

私たち現代人は今、大きな落とし穴に落ち込んでいるのです。本書を読み終えたあなたなら、もうそのことに気づいていますよね。

そう、「情報」という名の恐ろしい落とし穴にどっぷりつかってしまっているため、「考える力」や「創造力」を極端になくしてしまっているのです。

だからこそ、「信和義塾大學校」は常に「新しい時代」に適応するため、「頭脳」だけではなく、「心」を磨き、創造力と感性を磨き、愛の深さをも養おうとするのです。

「信和義塾大學校」の教えの根底には「帝王學」があります。「帝王學」は人々を救うリーダーの學問なので、学科はかなり多岐にわたります。特に初級段階（入塾後2年間）で学ぶ學科は多く、哲學、運命學、自然學園、心學、美學の5つに分けられます。詳しくはホームページをご覧ください。


確かに、学ぶ科目も多く、それぞれが深い内容です。ただ、現代人向けにアレンジ（いずれは世界への言語転換も含めて）しましたので、小学生から高齢者まで、誰もが分かりやすく楽しく学べます。

さらに、「信和義塾大學校」の特徴は、世界中の塾生と仲間になれることです。これも大変な魅力です。

人が成長して、大きな変化を遂げるのは3つのきっかけがあります。

1つ目は、人との出会い。
2つ目は、本との出会い。
3つ目は、學問との出会い。

「信和義塾大學校」では、この3つをすべて組み合わせています。學問を学んだ者同士が刺激し合い、お互いから学ぶことも重要と考えるからです。オンライン上では塾生の中で、厳選された善良なる塾生（審査通過した者）のみで構成されているコミュニティーがあり、お互いに切磋琢磨したり、情報共有したり、時にはいっしょにビジネスをつくり上げたり、素敵な活動を実践したりしています。

また、塾生同士で大きな志を語り合う場として、「信和義塾サミット」も年に2回程度開催し、ノミネートされた塾生がプレゼンやディスカッションをしたり、楽しく交流したりもしています。

ほかにも、フィールドキャンパス（実践学習）などバラエティーに富んだカリキュラムが組まれています。それは、まさに學問を立体的に学んでいただきたいからなのです。

未来のあなたをつくるためにも、ぜひ　共に学びませんか？
「學問とは自由への翼であり、未来の扉」なのですから。

2017年　春

信和義塾大學校・創設者
中野　博

■ 巻末資料

## ⦿「帝王學」の変遷

・紀元前17世紀頃：夏王朝時代。
・紀元前14・15世紀頃：殷王朝時代、甲骨文字と同時期に「干支」が形成され、春秋・戦国時代にかけて干支暦（日本では干支または十干十二支の學問）が完成。
・紀元前11世紀頃：周王朝時代、「易経」（易経を基にしたのが、「帝王學」では「ガイアコード」といい、秘宝として伝えられている。詳細は、次作で発表予定）が成立。ちなみに、この「易経」を基に、各種の占いが各自の流派で出来上がった。
・紀元前770～460年頃：春秋時代、老子（道家の祖）。『老子』（道徳経）に道家の諸思想を収める。宇宙の本体としての道と無為自然の教え。老荘思想の根本は、無為（自然にまかせて、ことさら人為を加えないこと）を貴ぶこと。人為的に知識を増やすことは、自然な本性（先天的才力）を損なうものとした。
・紀元前6世紀頃：「陰陽」においては、自然と一体となる行為、自然に適応していく行為を重んじる。日本は「陰陽」を自由に使いこなしてきた。その指南役を「陰陽師」と呼ぶ。
・紀元前5世紀頃：「時令思想」が、自然現象（季節）と為政者の政治、道徳のあり方を一致させる。
・紀元前450～220年頃：戦国時代、孔子（儒教の祖・552～479年）が人倫の基礎を仁におき、孝・礼などの実践徳目を記した『論語』を著す。

◇継体天皇（513年）：『日本書紀』卑弥呼（ひみこ）の時代から約350年後。朝鮮の百済から儒學が伝わり、538年には同じく百済から仏典、経典が公式に伝わる。6世紀、百済から来朝する五経博士らとの交流が日本文化の発展に貢献をする。
◇欽明天皇（539～571年）：五経博士来日、儒教の基本経典『五経』（『易経』『書経』『詩経』『礼記』『春秋』）を伝える。
◇推古天皇（602年）：百済僧観勒来日、暦本、天文、地理書、遁甲、方術書を伝える。日本での最初期の學問『四書五経』が整う。

◇聖徳太子（574〜622）：飛鳥時代の皇族政治家。新たな文明を築くため、隋との国交を開き留學生を送った。道徳と政治の融合により、「冠位十二階」及び「十七条憲法」が日本建国の理念となっている。

◇足利學校（1432〜1872）：栃木県足利市にある室町から江戸時代の學問所。僧侶、大名、軍師を輩出する。その後、江戸は神田明神、湯島聖堂等が近代まで国學として継承した。現代においてその教えは、日本の自由主義経済を確立した渋沢栄一により「道徳と経済の融合」として集大成され、私利私欲よりも公益を第一とするその経営者精神は、多くの経営者たちに受け継がれている。

◇松下村塾（1857〜1858）：山口県萩市。1857年より、1842年に叔父の玉木文之進が八畳一間の私塾を開き松下村塾と名付け、少年だった吉田松陰も入門した。藩校明倫館の塾頭を務めていた松陰が同塾を引き継ぐ。名簿は現存しないが、塾生は約50名ほどいたらしく、著名な門下生には、全国の倒幕の志士の総元締の役割を果たした久坂玄瑞、吉田稔麿、入江九一ら、また藩論を倒幕にまとめ幕府軍を打ち破った高杉晋作がいた。高杉晋作、久坂玄瑞は、「識の高杉、才の久坂」と称され、「松下村塾の双璧」と呼ばれた。この2人に吉田稔麿を入れて松陰門下の三秀といい、さらに入江九一を合わせて「松下村塾の四天王」と称された。たまたま山口県の萩市に時代を変える英雄がいたのか？　あるいは英雄を育てる教育があったのか？——吉田松陰が江戸で「禁断の書」を手にして、こっそり萩に持ち帰ったからで、そうでなければ歴史の分析はできない。

大化の改新、明治維新と日本では大きな革命が2回あった。これに権力闘争などさまざまな争いを加えれば、革命のように時代ががらりと変わることがあった。しかし、いつの時代も、新しい時代づくりには「學問」があり、時代を超えた王道が「帝王學」である。そう、あなたは本書で「禁断の書」に一歩近づいた。あとは、あなたの志一つだ。

さて、ここでは、世界に展開中であり、本書を読んだ方であれば誰もが自由にできる和魂について、簡単に紹介する。

◇和魂の本質

実践：修學旅行とは、學びを修める研修です。温故知新の実践。

・京都研修：1000年の時を超える學習、金剛界曼荼羅（智）の世界。教王護国寺、三十三間堂。
・奈良研修：1500年の時を超える學習、胎蔵界曼荼羅（愛）の世界。東大総国分寺、法隆學問寺。
・出雲大社研修：2000年の時を超える學習、神国の修得、国創りの意義、父性愛の源泉。
・伊勢神宮研修：2000年の時を超える學習、神道の修得、皇室の意義、母性愛の源泉。

数々の実践事例は「著者プロフィール」で紹介しているが、簡潔にいうと、アメリカをはじめ世界にビジネスと生活の拠点をつくり、「未来への扉」を開ける大學を開設（「信和義塾大學校」と呼び、世界で46校、塾生2000人以上）、和魂ベースの各種プロジェクト（和魂ハウス、和魂万博など）を開始した。

## ⦿「信和義塾大學校」について

・設立の理念：「信和義塾大學校」は「和魂洋才」の學問を礎として、清く正しく美しく生きる人々が、自由の翼を手に入れて、世界で活躍できるように育成する。

・設立の天命：「信和義塾大學校」は「考える力」と「創造する力」を磨き、「愛のレベル」を高め、行動力ある「志を抱く」人々を育成して社会に貢献する。

・3つの夢：①人から「信」用される人格を磨き、社会から信頼される人物を育成する。②人の「和」を重んじる社会をつくり上げ、世界平和を學問で実現する。③人の内面にある正「義」と「愛」を掘り起こし、輝く未来を創出する。

・3つの使命：①高貴な心を持ち、自我欲なき、外交上手な政治家を輩出する。②1000年持続思考できる実業家を輩出し、世界を楽しく牽引する。③世界を魅了する日本人を多く輩出し、日本文明をつくり上げる。

・経緯：2011年10月に信和義塾大學校の前身「帝王學」講座を開講（実質的開校）。13年3月、信和義塾として商標登録、正式に「信和義塾大學校」を設立。14年5月、地方校の1校目としてロサンゼルス校、2校目として出雲校、その後全国各地に拡大させ、世界で46校を展開したが、2019年より東京校とオンラインキャンパスに移行して、世界各地で2000人以上が学んでいる。

信和義塾大學校の講座内容の根底にあるのは「帝王學」だが、これを基に「実践學問」に重点を置いているため、各種の実践講座もある。「帝王學」講座は、「信和義塾大學校」における指導者養成コースとして位置づける。

・世界10万校、世界10億人以上が学ぶ

1：2011～2035年　講師陣と教材の魅力で世界1000校、10万人が学ぶ

2：2036～2055年　実業家と講師陣と卒業生の寄付により、新校舎設立。

3：2056～2085年　世界各地に100の校舎、100万人以上が学ぶ時代へ。

4：2086～2099年　世界発の「學問」による「和」が出来上がる。

5：2100～2125年　世界中の大統領、実業家の出身校となり、世界平和実現。

著者プロフィール

# 中野 博（なかの・ひろし）

信和義塾大學校創設者・塾長、ジャーナリスト。
株式会社エコライフ研究所代表取締役所長、
未来生活研究所株式会社代表取締役社長、一般財団法人グリーンジャパン理事長。

早稲田大学商学部卒業（観光事業ゼミ専攻）。ノースウエスタン大学ケロッグ経営大学院ブランディング実践講座エグゼグティブコースを修め、ハーバードビジネス経営大学院で経営学を学ぶ。大学在学中に中国、東南アジア、南米諸国など世界20ヵ国を10ヵ月かけて、一人旅をする。その際の資金はほぼ株式売買による利益だったため、学生が株で儲けた事例として数回マスコミで紹介された。

自動車部品メーカー最大手デンソー株式会社入社。その後、自動車、住宅業界の調査会社に勤務する。

1992年、国連地球環境サミットに参加し、ブッシュ大統領、コール首相、メジャー首相、カストロ書記長など世界100ヵ国の元首を直接取材、レポートや記事にまとめる。97年12月に開かれた京都会議（COP3）に参加するために、独立して個人事業主へ。98年、株式会社エコライフ研究所を設立し、環境意識の高い企業向けに「エコライフメンバー」を主宰、会員企業は発足後3年で500社を超える。

99年、エコブランドづくりのコンサルティング業務を開始。2000年、内閣府認定ＮＰＯ法人エコリビング推進協議会を設立し、初代理事長に就任する。05年よりブランド塾を主宰、今日までに220社、368人が学ぶ。10年、一般財団法人グリーンジャパンを設立し、初代理事長に就任する。

11年10月、信和義塾大學校の前身「帝王學」講座を開講。13年3月、信和義塾として商標登録され、正式に信和義塾大學校を設立、本格的に世界展開し、世界で46校、2,000人以上の塾生が学ぶ。

スイス、デンマーク、スウェーデン、ノルウエー政府及び観光局より招待を受け、現地の環境ビジネスと観光開発を取材。その他、世界45ヵ国を実際に回るなど、世界中の環境ビジネスの現場を取材、その数は延べ2,000社を超える。

これまでに、「エコハウス」「エコリフォーム」「エコライフ」「エコリッチ」「エコスマート」「エコブランディング」など、数々の「エコ」関連のブランド構築の実績を重ねる。

著書に『エコブランディング』（東洋経済）『エコ活』（東京書籍）『ビタミンH』（マガジンハウス）などのほか、共著に『人はなぜ食べるのか？』など「現代書林・信和義塾シリーズ」各書など多数があり、本書が29冊目。講演実績は3,200回、メディア出演は1,600回を超える。

●未来生活研究所株式会社　https://miraia.co.jp/
●信和義塾大学校　https://miraia.co.jp/shinwa/
●人間関係統計学　https://9code.life/

# 成功者《せいこうしゃ》はなぜ、帝王學《ていおうがく》を学《まな》ぶのか

2017年 5月1日　初版第1刷
2021年 2月8日　　　第4刷

著　者――――――――中野《なかの》　博《ひろし》
発行者――――――――松島一樹
発行所――――――――現代書林
〒162-0053　東京都新宿区原町3-61　桂ビル
TEL／代表　03(3205)8384
振替00140-7-42905
http://www.gendaishorin.co.jp/

ブックデザイン＋DTP――吉崎広明（ベルソグラフィック）
イラスト――――――にしだきょうこ（ベルソグラフィック）

印刷・製本　広研印刷㈱
乱丁・落丁本はお取り替えいたします。
定価はカバーに表示してあります。



ISBN978-4-7745-1633-2 C0034